Todos los libros de Linkgua Ediciones cuentan con modelos de Inteligencia Artificial entrenados por hispanistas. Pregúntale al chat de tu libro lo que desees acerca de la obra o su autor/a.

Para ebooks: Accede a nuestro modelo de IA a través de este enlace.

Para libros impresos: Escanea el código QR de la portada con tu dispositivo móvil.

Obtén análisis detallados de nuestros libros, resúmenes, respuestas a tus preguntas y accede a nuestras ediciones críticas generativas para una experiencia de lectura más enriquecedora.

La transparencia y el respeto hacia la autoría de las fuentes utilizadas son distintivos básicos de nuestro proyecto. Por ello, las respuestas ofrecen, mediante un sistema de citas, las fuentes con las que han sido elaboradas.

José Lezama Lima

La fijeza

Barcelona 2024
Linkgua-ediciones.com

Créditos

Título original: La fijeza.

© 2024, Red ediciones S.L.

Diseño cubierta: Michel Mallard

ISBN rústica ilustrada: 978-84-9953-641-5.
ISBN tapa dura: 978-84-1126-658-1.
ISBN ebook: 978-84-9007-207-3.

Cualquier forma de reproducción, distribución, comunicación pública o transformación de esta obra solo puede ser realizada con la autorización de sus titulares, salvo excepción prevista por la ley. Diríjase a CEDRO (Centro Español de Derechos Reprográficos, www.cedro.org) si necesita fotocopiar, escanear o hacer copias digitales de algún fragmento de esta obra.

Sumario

Créditos	4

Brevísima presentación — 11
    La vida — 11
    La fijeza — 12

La fijeza — 13

I — 15

Los ojos del río tinto — 17
    I — 17
    II — 17
    III — 18
    IV — 19
    V — 20
    VI — 21
    VII — 22
    VIII — 23
    IX — 24
    X — 24

Variaciones del árbol — 27
    I — 27
    II — 27
    III — 28
    IV — 29

Siesta de trojes — 31
    I — 31

II	31
III	32

Poema — 35
   I — 35
   II — 35

A la frialdad — 37
   I — 37
   II — 37
   III — 38
   IV — 39
   V — 39
   VI — 40
   VII — 40
   VIII — 41

Pensamientos en La Habana — 43

Ronda sin fanal — 51
   I — 51
   II — 51
   III — 52
   IV — 53
   V — 53
   VI — 54
   VII — 54

Rapsodia para el mulo — 57

Sacra — 63

Sonetos a Muchkine	69
I	69
II	69
III	70
IV	71
V	72
VI	72
II	**75**
Noche dichosa	77
Censuras fabulosas	79
La sustancia adherente	81
Pífanos, epifanía, cabritos	83
Peso del sabor	85
Muerte del tiempo	87
Procesión	89
Tangencias	91
Éxtasis de la sustancia destruida	93
Resistencia	95
III	**97**

Desencuentros   99
    I   99
    II   99
    III   100
    IV   101
    V   102
    VI   102
    VII   103
    VIII   103
    IX   104
    X   104
    XI   105
    XII   106

Resguardo, alejo   107

Corta la madre del vinagre   109

El encuentro   111

Cuento del tonel   115

Invocación para desorejarse   117

Aclaración total   119

El cubrefuego   123

El arco invisible de Viñales   125

Danza de la jerigonza   131

Brevísima presentación

La vida
José Lezama Lima (La Habana, 19 de diciembre de 1910-9 de agosto de 1976). Cuba.

Nació el 19 de diciembre de 1910 en el campamento militar de Columbia, en La Habana, hijo de José María Lezama, coronel de artillería, y de Rosa Lima. En 1920, Lezama entró en el colegio Mimó, donde terminó sus estudios primarios en 1921. Hizo sus estudios de segunda enseñanza en el Instituto de La Habana, y se graduó como bachiller en ciencias y letras en 1928. Un año más tarde estudió Derecho en la Universidad de La Habana.

Lezama participó el 30 de septiembre de 1930 en los movimientos estudiantiles contra la dictadura de Gerardo Machado. Y publicó por entonces el ensayo Tiempo negado, en la revista *Grafos*, en la que al año siguiente se publica su primer poema titulado Poesía. Hacia 1937 fundó la revista *Verbum* y publicó su libro *Muerte de Narciso*. En los años siguientes fundó otras tres revistas: *Nadie parecía*, *Espuela de Plata* y *Orígenes*, junto a José Rodríguez Feo.

En 1964 Lezama se casó con su secretaria María Luisa Bautista. En 1965 ocupó el cargo de investigador y asesor del Instituto de literatura y lingüística de la Academia de Ciencias. En esa época fue publicada su *Antología de la poesía cubana*.

Su novela *Paradiso* apareció en 1966, fue considerada una de las obras maestras de la narrativa del siglo XX y calificada por las autoridades cubanas de «pornográfica».

Profundo conocedor de Platón, los poetas órficos, los gnósticos, Luis de Góngora y las literaturas culteranas y herméticas, Lezama vivió entregado a la escritura. Murió el 9 de agosto de 1976 a consecuencia de las complicaciones del asma que padecía desde niño.

La fijeza

En 1949 el escritor cubano Jorge Mañach agradeció a José Lezama Lima en una carta pública el regalo de un ejemplar de su libro de poemas *La fijeza*, editado en «esas bellas ediciones de la revista *Orígenes*, que usted viene dirigiendo desde hace algunos años con heroísmo y prestigio sumos». Por entonces ya Lezama era una figura en el panorama literario cubano y reivindicaba su parcela en él, con sus particularidades inherentes. Había madurado también su sistema poético, que, en *La fijeza* alcanza un esplendor que luego quedará reforzado en sus ensayos.

La fijeza debate la posibilidad, anhelada por Lezama, de una creación verbal, en cuyo acto quede abolida la causalidad. Poemas como:

Rapsodia para el mulo
Muerte del tiempo
Procesión
Tangencias
Éxtasis de la sustancia destruida
Resistencia

Son un paso más allá en el camino que recorre Lezama. Aquí el autor avanza en su intento de hacer de la poesía un sistema que nos revele un mundo nuevo, cuya causalidad es la de las conexiones poéticas.

La fijeza

I

Los ojos del río tinto

I

(Coro)

Son ellos, si fusilan
la sombra los envuelve.
Doble caduceo trituran,
pelota los devuelven.

Toscos, secos, inclinan
la risa que los pierde,
o al borde de la verde
ira taconan jocundos.

Gimen si manotean;
callan, taladran el oído
añicos o pestañeos.

Movidos al estampido
crótalos inician leves
los arqueros aqueos.

II

(Égloga)

La nube los destroza

y la mosca gobierna
el ritmo que se goza
en una sola pierna.

El tapiz no acaba
en la flauta siete ojos,
ojos que sonaban
teclas de la araña.

El tapiz no cierra
ojo de la huraña
fiesta que excusa

si el pañuelo baña
en sangre de guerra
pastores de Siracusa.

III
Una ráfaga muerde mis labios
picoteados por puntos salobres
que obstinados hacían nido en mi boca.
Una ráfaga de hiel cae sobre el mar,
más corpulenta que mi angustia de hilaza mortal,
como gotas que fuesen pájaros
y pájaros que fuesen gotas sobre el mar.
Lluvia sombría sobre el mar destruido
que mi costado devuelve finamente hacia el mar.
Mis dedos, mis cabellos, mi frente
luchan con mi costado, mi espalda
y mi pecho.
En esos días irreconciliables,

fríamente el ojo discute con la mirada
y la combinatoria lunar no adelanta en mis huesos.
Estoy en la torre que quería estar:
un tegumento que puede unir cabellos,
una sonrisa que traiciona la línea del mar.
La cantidad innumerable de dioses secuestrados,
el hierro torcido e hirviendo de las entrañas
del mar han huido sin un gemido acaso.
Mi indolencia peinaba la frente del mar
y originaba la muerte
en aquellos seres fieles, veloces e inocentes.

IV

Desvían sus escamas inalterados ojos
en la iluminada casa de los árboles,
los días que la lluvia entretenida
divide en escamosos silbos desvelados
y en tenores de chalecos verdes.
Las aguas disparadas a los árboles,
inteligente flauta gota a gota,
suenan y aparecen toscas manos
en la rencorosa copa de los árboles.
La lluvia nocturna sueña curvos alfileres persas
en las escamas de chalecos fríos.
Las grandes hojas pesarosas
con la lluvia disfrazan
la ridícula anchura de sus frentes.
La jauría orquestal
va alimentando todo final de fruto:
la forma inalterada de la poma;
su sabor, ancho punto en lengua leve.

Lluvia sobre lluvia en los rieles,
se despiden a las fábricas
donde el hombre tornea inalcanzable.
De noche, las surcadas fábricas lluviosas
tienen las heridas formas más perversas.
La corrupción del fruto adormecido
adelanta una sierpe brazalete.
Nítida y sin minervas escamosas
la flauta que suspira golondrinas.

V

En el retorno de las cintas
su prolongación que ya no toca,
dejando un interregno de aguas
y donde a la cinta sigue la serpiente.
Siempre la sombra vuelve por el perro
y al tropezar desnuda en la corteza
un humo frío desprenden las raíces.
Las inertes tierras intocables
su prolongada nueva reconocen,
brotan de esa espera suspendida
de la raíz hasta el halcón cegato.
Si la medusa es cortada por la playa,
el reflejo del nácar que divide
la cuchilla que vuelve para hundir
la gota de cera en los sentidos.
Si la medusa es empuñada
por la mano que trisca y la va alzando,
una testa inclinada no sonríe
y cae como cuerpo brusco sin asombro
en la roca mantelada por helechos.

Si muerta la medusa al navegar,
fétida sombra la madera hundida,
desea que el tiempo no le sirva
el ave en la corriente muerta sin listones.
Y así se pierden las últimas murientes azoteas
y los débiles palacios no imantados
cantan y pierden incesantes
la remota Cambaya.

VI

La remota clámide ramas pierde,
ópalo, cuarzo, hielo
de remoto bóreas desprendido.
Un anillo más de mi prisión.
Una varilla de hincapié sin término.
Resquebrajada salamandra muda
su cuadrante de nieblas dulcifica,
oyendo al grillo su dormir se dora.
Esta canción no me destroza el sueño.
Blanda la piedra no acostará mi rostro.
La higuera que camina hacia la roca
si estática su historia sucediese,
llevaríanle los saurios armaduras
y no se haría su muerte en el deshielo.
El fuego al carillón es la locura,
pintarrajeada mansa blanda fluye.
El agua hinchando bestia muda
desraíza el chorro columnata
que construye la bestia cuando rapta
el cuerpo del palacio hasta el umbral:
allí las aguas extienden por el órgano,

donde el hastío en vela de los ángeles
dentro las tubas mueven el oleaje.
No he de salvar ni las tenazas frías
que dejan el carbón sobre los ojos,
si el caracol al recorrer el ojo
riega la última estela desolada
por donde aclama el mar el lilibeo.

VII
El creciente no pesa más porque los hombres asciendan.
El caballero recurva sumándose al guijarro,
en su bota se ahonda el agua
de los escapados por el río hasta la existencia sumergida
y en su bota ahora vive la longura de un petrel azul.
¿Mira él su fijeza, lo hace con gracia? ¿Se burla?
Grande como el brazo que no gira, inmóvil
como la columna astilladora de la noche carnosa.
Los cordones vueltos en su bullicioso tren de ceniza
recorren la opulencia toril de la humedad de la bota,
pero aún allí, en esas escalas de la ceniza, las hortensias
alfileran, mecen el gracejo del río de la ceniza.
Las lapas, la más pequeña *Emys rugosa*, el polvillo de la marga,
no sueltan su despertar al borde del río gomoso,
sino la flor que prescinde de la abstracción y es la flor por la flor.
La flor, por cuyos cañutos clásicos asciende el agua y se refina.
Ese mismo musgo que en las noches hace intocable
la piel de la flor y de la estrella.
Esos pasos, como el instrumento de la arena,
hacen el piano más de madera que de tímpanos,
cuando desaparecen, tocan; tocan y han encontrado su dueño.
Pero la bota a igual distancia de la roca,

mientras la plomada más áspera separa los pasos del paredón,
y la suela removida por el líquido hervor y la tierra blanca,
detiene el desprendimiento del petrel azul y lo disuelve en su base.

VIII

Los cabellos afinándose aún más, detienen su redondez,
prefieren saltar el límite gris, los ojos del recuerdo,
prefieren agitarse con un viento suave primero, después ese viento
golpea la piel de la cabra, deja las huellas de un reencuentro
en el que se ha combatido, un despertar en otra arena.
Los cabellos muertos, detenidos,
como del brazo del cazador cuelgan las aves muertas,
pero allí resbalan los aceites, los perfumes,
la vida adulterada por una delicia prestada;
el aceite que es para la eternidad
convertido en una dulzura pequeña para hacernos rebrillar
el arco del violín prestado.
Los cabellos amorosos que aíslan el rostro
del enemigo, de lo que nos ha sido robado a caballo,
tan rápido que nuestro índice no pudo señalarlo
ni hundirse hacia dentro en visión.
Esa visión de la que salió el rostro,
de la que sale después una manga con un arlequín tatuado, una
   araña sonrosada
que se traga el humo, un humo coniforme
que se puede clavar en el ropero napolitano, allí deposito el
   mentón
hendido por una clavija de marfil.
La cabellera que no se aísla en ceniza,
que se hincha para ahogarnos,
detenida en instrumento que tañe de nuevo,

un instrumento como una escala prolongada,
donde mi pesadumbre desciende o se corona,
pero que uno de mis dedos
le dice alteración, chispas o separación de dos rocas.

IX

Ayer fijado parecía
la risa recordaba
el enigma se desvía
a siesta recreada.

La risa enamoraba
la oscura vía,
continuidad abría
anillo que enlazaba.

La siesta nominada:
el agua necesita
su forma suspirada.

El aire rodea y vuela,
toca y tu risa evita,
girando ser sin ser vela.

X

Si recíprocamente, en fuego inverso,
correspondía tu oscuro con mi ausencia,
como si tu sangre al destilar su esencia
fuese soplo de mí; si su fuego perverso
en círculo intocable fuese el reverso

de la escala tocable y no evidencia
fuese el humo en humus inmerso
y en ser de hilero soplo sin presencia.

Cae el vino alzado hasta la muerte,
la escarcha se prolonga si penetro
en nuevo aparte de mi oscuro nuevo.

Antes y después la alegría pervierte;
cresta dendrita la alegría adentro
en la risa sin hueso del Erebo.

Variaciones del árbol

I

(El árbol y la mano)

Allí donde se acerca la sangre no concilia,
el ardor de los ojos está ya en el paisaje,
y cuando más interpreta su cuerpo tocado,
la voz del árbol enemigo mueve sus ramas.

Por allí vuelve, el cuerpo ha vendido su estela,
y el perro, ya no es custodia, huye dócilmente.
Lo que se separa: mi amistad, mi artificio,
yerra como una estrella por la mesa del mago.

Ese árbol flotante, presagioso, marino,
rueda hasta mi ser extrañado, repetido,
como pasos sin techo con dureza revierten.

Desdeñado ese árbol, mi mano es quien lo impulsa;
fúnebre contra la roca golpea,
mientras mi mano llora su dureza intocable.

II

(Destrucción de la imagen del árbol por la noche)

La caída del árbol le distingue.

Lento, si asciende, su atracción no crece.
Solo es el árbol, quedando empieza
a destruir su espacio; quemándose, retorna.

Ya en los ojos la imagen bien hilada,
las ramas vacilan en su incendio.
Y los ojos, las piedras, sus hojas abren
al nuevo siglo que en mi sangre cruje.

Quedaba un árbol, su imagen y la noche.
Inmóvil fiera, pegada y voluntaria,
escarba con sus uñas, destruye con su aliento.

La noche se trenza con el árbol.
Duramente incorpora su espacio sobre el móvil
río que la destruye caminando.

III

(El árbol y el paisaje destruido por la noche)

Un inmenso galope en la bodega de un barco
sabe llegar y haciendo su muralla desvanece
el ruido siniestro y el siniestro vuelo
del Ícaro sedoso, caído su pecho pesado.

Pero el árbol como el barco sabe cabecear,
penden las hojas, penden nuestras manos.
El árbol murmura sin hojas
y pesan las preguntas en sus manos hartadas.

La noche galopando extrae el opio de la flora marina,
rueda las ciudades, envuelve las estatuas
y al hombre húmedo le alza los hombros.

Después la noche hierve el pájaro y la hoja.
La ciudad devastada avanza en sus torreones,
pero el árbol ya no está junto al río y el sueño.

IV

(El artificio prolonga la noche)

Ha creado la imagen, cae sobre el árbol,
se recobra y destruye su voraz mirador.
Es imposible el salto
sobre la nieve de esa gente emigrante.

Procesión, lazo negro de los tambores,
que por debajo del agua, fabrica inalterable,
y cuando envuelve el rayo destruido,
el tambor, como un hijo, redondea a su padre.

En sus cenizas una fusta se dobla.
El sueño, espesando, cierra sus muecas,
como quien recibe un árbol se entona perdurable,

para caer en un pecho nunca más recobrado.
El río sonaba como un perro colgado de las ramas.
Ahora conduce y muele, ahora contra el fuego.

Siesta de trojes

I

Los trojes que no me recubrían
y querían decir así mucho más
que la estatua primera que acompaña.
Los trojes que siempre se borraban
hacían las mejores siestas incumplidas.
La tortura de los trojes bien repletos
y una blanca distancia que los borra.
Ofrecen su tela doble de un país posible,
sin figuras, naipes, dados o venados,
y donde el troje sigue brindando su locura
en cubas secas y en secretos secos,
enterrados en semillas duras.
Brindan el chillido de su insistencia verde,
y los otros se alejan en una marcha destemplada,
hacia el ocaso que revierte en las cubas iniciales.
En estas tierras blandas, temerosas, la opulencia
no coincide con el halo de los paseos del hombre,
siempre los frutos brindan su castigo en un destino artificial,
amaestrado por la danza que todo lo aprisiona.
La opulencia destruye el descanso de los segadores,
pero el incesante vuelco de los carros cargados ahonda
el frenesí de los tablones serruchados.

II

Los recovecos de sucia naranja
crean un paraíso tonto de aves fenecidas.

Aguadas las mandolinas presurosas, despreciadas,
dejan caer las cenizas del tonto follaje
que cubría las corcovas de sus suspiros;
en las frías charcas, el papel suelta sus letras
que son un hilillo en la sopa del atardecer.
Ese mundillo blando, escurridizo,
forma el alambre que cabecea en su arder,
seguido por ardillas que antes de su fuga
dejan los lazos que no saben ahogar.
En su turno de lentos cabeceos amoratados,
la sucia naranja crea la jaula con sucios
ángeles manchados por la sopa, no por la traición.
Por alambres hasta el fin, los recovecos
dan un tajamar de exabruptos tesoneros.
Con esas exclamaciones roncas de doble puerta,
los recovecos fabrican su alambre hasta el fin.
Son así dichosos, su ventura
se deshace en los asientos señalados para la sopa
blanda de los escurridizos que ahora quieren quedarse en el
  alambre hasta el fin.

III

A pleamar tal vez de rabia fija
insisto en la dotación de hinchadas manos.
Los cuadrilleros sueltan su camino y lo van recuperando
en cada golpe en las paredes que se acercan.
La paredes de rostros semejantes,
vuelven a su curiosidad de espalda usada
y no perciben en la claraboya el alacrán y el rayo de luz.
A usanza del martillo sobre la tela,
el rostro del monigote gana un cisco largo.

Y lo vuelve a hundir en la tina casi movida
por el pez hinchado de siesta en sus profundidades.
No lo conoce el que lo ve ascender por los paredones
y lo reconoce el que lo ve descender de peldaños a tirabuzón.
Son así los rostros engreídos que van del anfiteatro a la colina,
  muestran un deseo que no pregunta por las vísperas con tatuajes
  de mariposas.
Suéltame, golpes lentos de cabeza en el platillo, suéltame.
Pues bien, te suelto. Y así seguimos.

Poema

I

La seda amarilla que él no elabora
¿podrá recorrerla?
Sus espirales solo pueden desear
una concentración cremosa.
Su surco es su creación:
un poco de agua grabada.
En cualquier tiempo de su muerte
puede estar caminando,
como la seda que puede formar un mar
y envolver al gusano amarillo.
Así, con sus ojos aplastados,
flechador de un recuerdo amarillo,
está trazando círculos de arena
al fulgor de la pirámide desvaída.
El deseo se muestra y ondula,
pero la mano tiene hojas de nieve.

II

Buscando la agudeza del pequeño demonio de la división
de los cuerpos y su externa preocupación de respeto.
Sus sistemas defensivos con muros tejidos de espesuras
para que el hombre detenga súbito sus paseos.
El mismo mío, allí, convertido en inerte espesura,
sin embargo, sus ojos tienen también las mismas limitaciones
a las órdenes proféticas y a las observables.
Y entre esa observancia y el soplo, el frío, el sufrimiento.

Tener que ir a buscar lo que nuestra sangre reclama,
que huye, que se desvanece, que tiene también su sangre
lanzada a un curso remoto que navega
fuera de nuestras miradas y que vuelve para desgarrar.
Pero nosotros nos lanzamos sobre un curso remoto.
Su lejanía está allí, sin tocarla, como una barca
entre la maleza y nosotros, que no logramos presumirla,
pero allí nuestras incitaciones vergonzosas, los chillidos
que se mueven entre el viento ligero que le pinta las frentes.
Lanzados sobre lo que a su vez ha escogido
un ciervo para su desliz y las puntas
de sus cuernos frotados en otro lejano yerbazal,
sentimos en la lejanía de nuestro propio cuerpo los imanes de un
 curso remoto.

Solo el mercader acaricia sus telas y recibe lo esperado.

A la frialdad

I

El sueño que se apresura
no es el mismo que revierte.
La muerte cuando es la muerte,
pierde la boca madura.

La esencia que no se advierte
suele ser la más impura.
El amarillo en la muerte,
seda es contra natura.

Ser en el ser desafía
a la unidad mensajera
que de sí mismo se fía

y solo un rumor desaltera.
Cuando el fruto está vecino
la mano yerra sin tino.

II

Disperso, suave y atado,
haciendo un fugaz saludo
al ángulo del desnudo
techo, frío y aprisionado.

Al saludar lo pensado,
colmo sutil del menudo

río que fue elaborado
por un tritón barbudo.

Olvido de la corriente,
esencia del sacrificio
y candelas de la orilla.

Cuerpo que se mancilla
ya con el nuevo artificio:
ausente, no estás ausente.

III

Sigo una voz, desconcierta;
si una huella, me revela
que la mansión más incierta
no es la que de noche vela.

Banal idea no recela
de la nube, la incierta,
fácil onda no se hiela
porque busque boca yerta.

Paradoja sonreída:
la pasión hecha jauría
quiere ser siempre vencida.

La serpiente es mano alzada.
Corona del desvarío,
mano en la mano ocultada.

IV

Entre la flecha y el punto
el insecto bordonea.
El arco del cejijunto
crea paréntesis, crea.

La lluvia, que no es conjunto,
arco y violín puntea.
Cuando la escala está en punto
el reloj suave gotea.

Siento que no me siento;
borro, y hostiga la nada.
Frente a la muralla el ojo

traza la ciudad cansada.
Rasgada flecha o rastrojo
suman un solo lamento.

V

Caída la hoja miro,
ya que tu olvido decrece
la calidad del suspiro
que firme en la voz se mece.

La sombra de tu retiro
no a la noche pertenece,
si insisto y la sombra admiro
tu ausencia no viene y acrece.

La sustancia del vacío
solo halla su concierto
elaborando el desvelo

que presagia el cuerpo yerto.
Diosa perdida en el cielo,
yo con el cuerpo porfío.

VI

Si ya el que el ayer adivina
lo que sin signo previene,
el aire no desafina,
leve crepúsculo viene.

Las chispas que arremolina
el aire que lento adviene,
detrás de la oreja afina,
sierpe el oído deviene.

Perdida en mar de tintero
la sirenita, si yace
aprisiona solo huellas.

Tirando del instantero
dormida abeja ya pace
el árbol de las estrellas.

VII

Si interrumpe la amargura

el jardín desarreglado,
la pausa es la hoja impura
entre el soplo y el nevado.

Ya la curva del granado
no aprisiona propia hondura;
la ceja del alterado,
metamorfosis impura.

Los cambios del remolino
en el ojo no es el celo
del gamo que está de fuga.

Que si depura, el desvelo
el último punto enjuga
madriguera del mohíno.

VIII

Cuerpo desnudo en la barca.
Pez duerme junto al desnudo
que huido del cuerpo vierte
un nuevo punto plateado.

Entre el boscaje y el punto
estática barca exhala.
Tiembla en mi cuello la brisa
y en el ave se evaporaba.

El imán entre las hojas
teje una doble corona.
Solo una rama caída.

Ilesa la barca escoge
el árbol que rememora
sueño de sierpe a la sombra.

Pensamientos en La Habana

Porque habito un susurro como un velamen,
una tierra donde el hielo es una reminiscencia,
el fuego no puede izar un pájaro
y quemarlo en una conversación de estilo calmo.
Aunque ese estilo no me dicte un sollozo
y un brinco tenue me deje vivir malhumorado,
no he de reconocer la inútil marcha
de una máscara flotando donde yo no pueda,
donde yo no pueda transportar el picapedrero o el picaporte
a los museos donde se empapelan asesinatos
mientras los visitadores señalan la ardilla
que con el rabo se ajusta las medias.
Si un estilo anterior sacude el árbol,
decide el sollozo de dos cabellos y exclama:
my soul is not in an ashtray.

Cualquier recuerdo que sea transportado,
recibido como una galantina de los obesos embajadores de
   antaño,
no nos hará vivir como la silla rota
de la existencia solitaria que anota la marea
y estornuda en otoño.
Y el tamaño de una carcajada,
rota por decir que sus recuerdos están recordados,
y sus estilos los fragmentos de una serpiente
que queremos soldar
sin preocuparnos de la intensidad de sus ojos.
Si alguien nos recuerda que nuestros estilos
están ya recordados;

que por nuestras narices no escogita un aire sutil,
sino que el Eolo de las fuentes elaboradas
por las que decidieron que el ser
habitase en el hombre,
sin que ninguno de nosotros
dejase caer la saliva de una decisión bailable,
aunque presumimos como los demás hombres
que nuestras narices lanzan un aire sutil.
Como sueñan humillarnos,
repitiendo día y noche con el ritmo de la tortuga
que oculta el tiempo en su espaldar:
ustedes no decidieron que el ser habitase en el hombre;
vuestro Dios es la Luna
contemplando como una balaustrada
al ser entrando en el hombre.
Como quieren humillarnos le decimos
the chief of the tribe descended the staircase.

Ellos tienen unas vitrinas y usan unos zapatos.
En esas vitrinas alternan el maniquí con el quebrantahuesos
   disecado,
y todo lo que ha pasado por la frente del hastío
del búfalo solitario.
Si no miramos la vitrina, charlan
de nuestra insuficiente desnudez que no vale una estatuilla de
   Nápoles.
Si la atravesamos y no rompemos los cristales,
no subrayan con gracia que nuestro hastío puede quebrar el fuego
y nos hablan del modelo viviente y de la parábola del
   quebrantahuesos.
Ellos que cargan con sus maniquíes a todos los puertos
y que hunden en sus baúles un chirriar

de vultúridos disecados.
Ellos no quieren saber que trepamos por las raíces húmedas del helecho
—donde hay dos hombres frente a una mesa; a la derecha, la jarra
y el pan acariciado—,
y que aunque mastiquemos su estilo,
we don't choose our shoes in a show-window.
El caballo relincha cuando hay un bulto
que se interpone como un buey de peluche,
que impide que el río le pegue en el costado
y se bese con las espuelas regaladas
por una sonrosada adúltera neoyorquina.
El caballo no relincha de noche;
los cristales que exhala por su nariz,
una escarcha tibia, de papel;
la digestión de las espuelas
después de recorrer sus músculos encristalados
por un sudor de sartén.
El buey de peluche y el caballo
oyen el violín, pero el fruto no cae
reventado en su lomo frotado
con un almíbar que no es nunca el alquitrán.
El caballo resbala por el musgo
donde hay una mesa que exhibe las espuelas,
pero la oreja erizada de la bestia no descifra.

La calma con música traspiés
y ebrios caballos de circo enrevesados,
donde la aguja muerde porque no hay un leopardo
y la crecida del acordeón
elabora una malla de tafetán gastado.

Aunque el hombre no salte, suenan
bultos divididos en cada estación indivisible,
porque el violín salta como un ojo.
Las inmóviles jarras remueven un eco cartilaginoso:
el vientre azul del pastor
se muestra en una bandeja de ostiones.
En ese eco del hueso y de la carne, brotan unos bufidos
cubiertos por un disfraz de telaraña,
para el deleite al que se le abre una boca,
como la flauta de bambú elaborada
por los garzones pedigüeños.
Piden una cóncava oscuridad
donde dormir, rajando insensibles
el estilo del vientre de su madre.
Pero mientras afilan un suspiro de telaraña
dentro de una jarra de mano en mano,
el rasguño en la tiorba no descifra.

Indicaba unas molduras
que mi carne prefiere a las almendras.
Unas molduras ricas y agujereadas
por la mano que las envuelve
y le riega los insectos que la han de acompañar.
Y esa espera, esperada en la madera
por su absorción que no detiene al jinete,
mientras no unas máscaras, los hachazos
que no llegan a las molduras,
que no esperan como un hacha, o una máscara,
sino como el hombre que espera en una casa de hojas.
Pero al trazar las grietas de la moldura
y al perejil y al canario haciendo gloria,
l'etranger nous demande le garçon maudit.

El mismo almizclero conocía la entrada,
el hilo de tres secretos
se continuaba hasta llegar a la terraza
sin ver el incendio del palacio grotesco.
¿Una puerta se derrumba porque el ebrio
sin las botas puestas le abandona su sueño?
Un sudor fangoso caía de los fustes
y las columnas se deshacían en un suspiro
que rodaba sus piedras hasta el arroyo.
Las azoteas y las barcazas
resguardan el líquido calmo y el aire escogido;
las azoteas amigas de los trompos
y las barcazas que anclan en un monte truncado,
ruedan confundidas por una galantería disecada que sorprende
a la hilandería y al reverso del ojo enmascarados tiritando juntos.

Pensar que unos ballesteros
disparan a una urna cineraria
y que de la urna saltan
unos pálidos cantando,
porque nuestros recuerdos están ya recordados
y rumiamos con una dignidad muy atolondrada
unas molduras salidas de la siesta picoteada del cazador.
Para saber si la canción es nuestra o de la noche,
quieren darnos un hacha elaborada en las fuentes de Eolo.
Quieren que saltemos de esa urna
y quieren también vernos desnudos.
Quieren que esa muerte que nos han regalado
sea la fuente de nuestro nacimiento,
y que nuestro oscuro tejer y deshacerse
esté recordado por el hilo de la pretendida.

Sabemos que el canario y el perejil hacen gloria
y que la primera flauta se hizo de una rama robada.

Nos recorremos
y ya detenidos señalamos la urna y a las palomas
grabadas en el aire escogido.
Nos recorremos
y la nueva sorpresa nos da los amigos
y el nacimiento de una dialéctica:
mientras dos diedros giran mordisqueándose,
el agua paseando por los canales de los huesos
lleva nuestro cuerpo hacia el flujo calmoso
de la tierra que no está navegada,
donde un alga despierta digiere incansablemente a un pájaro
  dormido.
Nos da los amigos que una luz redescubre
y la plaza donde conversan sin ser despertados.
De aquella urna maliciosamente donada,
saltaban parejas, contrastes y la fiebre
injertada en los cuerpos de imán
del paje loco sutilizando el suplicio lamido.
Mi vergüenza, los cuernos de imán untados de Luna fría,
pero el desprecio paría una cifra
y ya sin conciencia columpiaba una rama.
Pero después de ofrecer sus respetos,
cuando bicéfalos, mañosos correctos
golpean con martillos algosos el androide tenorino,
el jefe de la tribu descendió la escalinata.

Los abalorios que nos han regalado
han fortalecido nuestra propia miseria,
pero como nos sabemos desnudos

el ser se posará en nuestros pasos cruzados.
Y mientras nos pintarrajeaban
para que saltásemos de la urna cineraria,
sabíamos que como siempre el viento rizaba las aguas
y unos pasos seguían con fruición nuestra propia miseria.
Los pasos huían con las primeras preguntas del sueño.
Pero el perro mordido por luz y por sombra,
por rabo y cabeza;
de luz tenebrosa que no logra grabarlo
y de sombra apestosa; la luz no lo afina
ni lo nutre la sombra; y así muerde
la luz y el fruto, la madera y la sombra,
la mansión y el hijo, rompiendo el zumbido
cuando los pasos se alejan y él toca en el pórtico.
Pobre río bobo que no encuentra salida,
ni las puertas y hojas hinchando su música.
Escogió, doble contra sencillo, los terrones malditos,
pero yo no escojo mis zapatos en una vitrina.

Al perderse el contorno en la hoja
el gusano revisaba oliscón su vieja morada;
al morder las aguas llegadas al río definido,
el colibrí tocaba las viejas molduras.
El violín de hielo amortajado en la reminiscencia.
El pájaro mosca destrenza una música y ata una música.
Nuestros bosques no obligan el hombre a perderse,
el bosque es para nosotros una serafina en la reminiscencia.
Cada hombre desnudo que viene por el río,
en la corriente o el huevo hialino,
nada en el aire si suspende el aliento
y extiende indefinidamente las piernas.
La boca de la carne de nuestras maderas

quema las gotas rizadas.
El aire escogido es como un hacha
para la carne de nuestras maderas,
y el colibrí las traspasa.

Mi espalda se irrita surcada por las orugas
que mastican un mimbre trocado en pez centurión,
pero yo continúo trabajando la madera,
como una uña despierta,
como una serafina que ata y destrenza en la reminiscencia.
El bosque soplado
desprende el colibrí del instante
y las viejas molduras.
Nuestra madera es un buey de peluche;
el estado ciudad es hoy el estado y un bosque pequeño.
El huésped sopla el caballo y las lluvias también.
El caballo pasa su belfo y su cola por la serafina del bosque;
el hombre desnudo entona su propia miseria,
el pájaro mosca lo mancha y traspasa.
Mi alma no está en un cenicero.

Ronda sin fanal

I

Si no se abre la escala, lo madura
una puerta clavada en la mirada,
y sabe romper así la tosca encarnadura
por donde echó la sierpe barnizada.

Su protección, su manto, empuñadura
por un testigo borroso fue raspada.
Prohibido, la protección fue más impura;
protegido, estalló su espalda al ser mirada.

Al retroceder su mancha pasa,
gruñe un humo ligero de alborada.
Un flexible y duro miedo lo provoca.

Y enlazando al junco que no toca,
la nave se introduce recargada
al sacrificio de la fiebre escasa.

II

Si lo descubre para siempre el uso,
si con golondrinas la cornisa gime,
malbaratando su pensar intruso
de la nube y no de la nube que persigue.

Si el uso evita iluminar difuso
un acordeón domado que pámpanos desligue

del arco mineral o del marisco infuso
que sin cabellos su girar prosigue.

Qué altanería, su topete el cuello
desinfla un color que vierte oscuro,
caminando hacia polvo y remolinos.

Mientras la grulla en grumo de entrecielo
prepara en nido hueco por maduro
la desazón de toscos inquilinos.

III
Posta de noche, vigilo bien la brisa
que sigue su caracol, pesa como una tabla.
Punzada o voluta de clavo la sonrisa
termina en un cuerpo que no habla.

Viejas frases se abren, son para apresarme
en colada de plomo mas sin fuego.
Siempre de nuevo al alcanzarme
sabe hacer su ademán, empieza el ruego.

Cuando vuelvo, de la sonrisa un diente
ha quedado otra vez como el inicio
que quiere arañar la igual tonsura.

Se prolonga en inicio la burla del suplicio.
Su redondel de gato de nuevo me murmura:
su son impropio me escuda, me divierte.

IV

Al levantar el cuajo salinero
y echar rebote como un son alterno,
por tejida escala se arrastra el comadrero
que mira su no pregunta en no lo entiendo.

Desprende el fugato de diamante
un ser animadizo que se cuelga.
Su primera impulsión de ser errante
cuaja el instante que más cuesta.

El desprendido son lo reconstruyo
arañando con sal la rosa en valvas.
El trasgo traspasa si interpreta

la oblicua, pasajera noche de algas,
donde salta la astilla en su furor secreta.
Así me pudro y caigo, así no huyo.

V

La invasión se durmió, la noche en vilo
se mascaba su rabo y se extendía.
Al despertar sobre sí, banal en su sigilo,
sin poder soportar la gruta se perdía.

Ocupada la ciudad, babilónicas botellas retorcidas
y alguien que busca lo que sabe hundido.
Augustas codornices prevenidas
tiznaron su collar y su pico recomido.

Espeso el humo se cuaja en las botellas.
La espiral de Van Gogh, naranja en las centellas,
idéntico pincel devora los frutos o los esmalta.

¿Quién quedó, ordena y vuelve
y en la enterrada garrafa sin cesar resuelve?
El Teniente de la Plaza de Malta.

VI
El cuchillo y el tajo en la estructura
rompen en gotas de agua toda esencia.
Artífice de desplomada arquitectura
cuelga en el aire la fusta de la ausencia.

El tejido fugaz en colmo de asistencia
busca en la araña su contrapunto de fiel apoyatura.
Su maleficio envuelve su estilo sin violencia
y sus ramazones, no sus ojos, preludian la ventura.

En su tinta, tesón del cuerpo soterrado, despegas
las venas retocadoras en lo oscuro;
las moscas que doblan las lianas en los claros.

El mar es carne y se alza a lo maduro
si le da tripas a la espiral de giros vagos,
pulpo que me conoces y me ciegas.

VII
Se interrumpe la escala, su ruptura

va creando la tinta del mar interrumpido.
Hueco de la derivación en pausa de negrura
separa el humo inicial del cuerpo aparecido.

La derivación un fruto desprende
y otra rama no entona el nacimiento.
Dentro de oblicuo y sin causal entendimiento
ya el rocío por el fruto o ya la almena esplende.

Ronda dormida y el fanal primero
suma guerreros y en la balsa entona
sus dobles flautas de papel chillido.

El oblicuo sus lanzas acartona.
En donde me resumo como entero,
gruesa mancha engulle al reino dividido.

Rapsodia para el mulo

Con qué seguro paso el mulo en el abismo.

Lento es el mulo. Su misión no siente.
Su destino frente a la piedra, piedra que sangra
creando la abierta risa en las granadas.
Su piel rajada, pequeñísimo triunfo ya en lo oscuro,
pequeñísimo fango de alas ciegas.
La ceguera, el vidrio y el agua de tus ojos
tienen la fuerza de un tendón oculto,
y así los inmutables ojos recorriendo
lo oscuro progresivo y fugitivo.
El espacio de agua comprendido
entre sus ojos y el abierto túnel,
fija su centro que le faja
como la carga de plomo necesaria
que viene a caer como el sonido
del mulo cayendo en el abismo.

Las salvadas alas en el mulo inexistentes,
más apuntala su cuerpo en el abismo
la faja que le impide la dispersión
de la carga de plomo que en la entraña
del mulo pesa cayendo en la tierra húmeda
de piedras pisadas con un nombre.
Seguro, fajado por Dios,
entra el poderoso mulo en el abismo.

Las sucesivas coronas del desfiladero
—van creciendo corona tras corona—

y allí en lo alto la carroña
de las ancianas aves que en el cuello
muestran corona tras corona.

Seguir con su paso en el abismo.
Él no puede, no crea ni persigue,
ni brincan sus ojos
ni sus ojos buscan el secuestrado asilo
al borde preñado de la tierra.
No crea, eso es tal vez decir:
¿No siente, no ama ni pregunta?
El amor traído a la traición de alas sonrosadas,
infantil en su oscura caracola.
Su amor a los cuatro signos
del desfiladero, a las sucesivas coronas
en que asciende vidrioso, cegato,
como un oscuro cuerpo hinchado
por el agua de los orígenes,
no la de la redención y los perfumes.
Paso es el paso del mulo en el abismo.

Su don ya no es estéril: su creación
la segura marcha en el abismo.
Amigo del desfiladero, la profunda
hinchazón del plomo dilata sus carrillos.
Sus ojos soportan cajas de agua
y el jugo de sus ojos
—sus sucias lágrimas—
son en la redención ofrenda altiva.
Entontado el ojo del mulo en el abismo
y sigue en lo oscuro con sus cuatro signos.
Peldaños de agua soportan sus ojos,

pero ya frente al mar
la ola retrocede como el cuerpo volteado
en el instante de la muerte súbita.
Hinchado está el mulo, valerosa hinchazón
que le lleva a caer hinchado en el abismo.
Sentado en el ojo del mulo,
vidrioso, cegato, el abismo
lentamente repasa su invisible.
En el sentado abismo,
paso a paso, solo se oyen,
las preguntas que el mulo
va dejando caer sobre la piedra al fuego.

Son ya los cuatro signos
con que se asienta su fajado cuerpo
sobre el serpentín de calcinadas piedras.
Cuando se adentra más en el abismo
la piel le tiembla cual si fuesen clavos
las rápidas preguntas que rebotan.
En el abismo solo el paso del mulo.
Sus cuatro ojos de húmeda yesca
sobre la piedra envuelven rápidas miradas.
Los cuatro pies, los cuatro signos
maniatados revierten en las piedras.
El remolino de chispas solo impide
seguir la misma aventura en la costumbre.
Ya se acostumbra, colcha del mulo,
a estar clavado en lo oscuro sucesivo;
a caer sobre la tierra hinchado
de aguas nocturnas y pacientes lunas.
En los ojos del mulo, cajas de agua.
Aprieta Dios la faja del mulo

y lo hincha de plomo como premio.
Cuando el gamo bailarín pellizca el fuego
en el desfiladero prosigue el mulo
avanzando como las aguas impulsadas
por los ojos de los maniatados.
Paso es el paso del mulo en el abismo.

El sudor manando sobre el casco
ablanda la piedra entresacada
del fuego no en las vasijas educado,
sino al centro del tragaluz, oscuro miente.
Su paso en la piedra nueva carne
formada de un despertar brillante
en la cerrada sierra que oscurece.
Ya despertado, mágica soga
cierra el desfiladero comenzado
por hundir sus rodillas vaporosas.
Ese seguro paso del mulo en el abismo
suele confundirse con los pintados guantes de lo estéril.
Suele confundirse con los comienzos
de la oscura cabeza negadora.
Por ti suele confundirse, descastado vidrioso.
Por ti, cadera con lazos charolados
que parece decirnos yo no soy y yo no soy,
pero que penetra también en las casonas
donde la araña hogareña ya no alumbra
y la portátil lámpara traslada
de un horror a otro horror.
Por ti suele confundirse, tú, vidrio descastado,
que paso es el paso del mulo en el abismo.

La faja de Dios sigue sirviendo.
Así cuando solo no es chispas, la caída

sino una piedra que volteando
arroja el sentido como pelado fuego
que en la piedra deja sus mordidas intocables.
Así contraída la faja, Dios lo quiere,
la entraña no revierte sobre el cuerpo,
aprieta el gesto posterior a toda muerte.
Cuerpo pesado, tu plomada entraña,
inencontrada ha sido en el abismo,
ya que cayendo, terrible vertical
trenzada de luminosos puntos ciegos,
aspa volteando incesante oscuro,
has puesto en cruz los dos abismos.

Tu final no siempre es la vertical de dos abismos.
Los ojos del mulo parecen entregar
a la entraña del abismo, húmedo árbol.
Árbol que no se extiende en acanalados verdes
sino cerrado como la única voz de los comienzos.
Entontado, Dios lo quiere,
el mulo sigue transportando en sus ojos
árboles visibles y en sus músculos
los árboles que la música han rehusado.
Árbol de sombra y árbol de figura
han llegado también a la última corona desfilada.
La soga hinchada transporta la marea
y en el cuello del mulo nadan voces
necesarias al pasar del vacío al haz del abismo.

Paso es el paso, cajas de agua, fajado por Dios
el poderoso mulo duerme temblando.
Con sus ojos sentados y acuosos,
al fin el mulo árboles encaja en todo abismo.

Sacra

De la taberna:

Cuando yo me acerqué a llevar el borgoña,
por el ojo de la cerradura logré verlo a Él,
era Él, me fijé en el escudo: Jerifalte desprendido.
El privado lo ponía tieso. El tahalí de vino y saliva.
Estaba borracho. Yo también los domingos me embriago.

De sobremesa:

Era Él, el más alto, se miraba su altura,
por encima de ella, su altura, iba a Isabel del Palatinado,
una mirada de frío y de apretura, un mirar indivisible.
Yo también miro al pasar y me empino.
Yo también, en el baile, celo mis miradas.

Poeta menor:

Reduzco en mi metáfora una redada inabarcable,
pero el Monarca es la metáfora organización lastimera.
En la mía, sustituyo y hago visible,
pero esa harina del Uno entregada por Él,
no la toco ni gimo, pertenencia de oscuros encuentros resueltos.
Si desaparecida esa metáfora de árbol moviente y ascendiese la
  mía amasada de métrico marfil con tinturas arameo-asirias.

Caminaba a trancos por la cámara que no era suya
y no lo era porque cuatro galerías reinantes daban en Él,
como el topo reptil diaboliza internándose

y su hocico de pronto tiene que saludar el mar.
El timbre imperioso se constituye en flor al hacerse perfección,
hermanándose con el vacío que había indicado.
El ayuda de cámara Saturno cumple los imperios dictados.
Los ecos del timbre anunciaban que el vacío había entrado como
  entra el Diablo.
La berlina escudada penetra con la dama inocente,
alivia el diván de la mandolina y las botas de campaña.
La sutil penetradora reconstruye fragmentos que no son pared o
  rostros:
el Jerifalte desprendido, el ramo de naranjo tejido con escalerillas
  de hierro
y las naranjas entreabiertas mostrando la cuna que mece al
  leopardo.
La doncella que guarda el germen escogido ha cruzado el
  Bidasoa,
se suma por la ventana, intercepta el esmalte lunar
y el vacío hinchado por la escolopendra del timbre.
La otra sucesiva berlina bajaba a los hombres de abrigos,
a los judíos de los que depende el Reino.
Secuestrado el cínife al deleite, el ganso aparece sembrado.
Después que en un humor verde se ha convertido la cabellera
  anterior
—rica de ataduras subdivididas, báculo del cuerpo
  transparente—,
los hombres de abrigos, los judíos penetran también por las
  ventanas.
Voltea el espejo, se cae el cuerpo que acude; chilla el alma que
  participa.
El Monarca sonríe, los judíos pagan en prórrogas de plazo.
Sumadas las dos sonrisas, el humor verde acrece
y ya siempre estarán sumadas las dos sonrisas,

porque el hombre no es el pez que estalla y borra los cristales.
Después recordaba a su primo que decía de un cortesano:
was not on the way, was not out the way, y tuvo que echarle
  cordón al cuello.
No le sonreía, sino que paseaba con los hombres de abrigos.
Se va hundiendo en desaparición, el sueño acidula
entre lámpara con fuego y cántaro con agua.
La mañana profundiza como una manzana caída
y Saturno solo ha oído el timbre de hondonada y vacío.

Cuando la flor reemplaza al timbre,
el garzón vicegarza real reaparece como el gato
sin ser visto, oído ni impulsado,
triunfando el invisible planisferio del acuoso laberinto.
Silencios del garzón, sus pies y sus maullidos
como los del gato cruzan el relente.
La casa se clava aparecida y secreta,
extiende otras flores, paseos y alboradas.
La sangre presurosa en su cascadas
ahora obliga a prolongar la mansión habitual.
Pero el niño llevado por el río hasta su Rey,
se convierte en la espada de su Padre.
La mano de nuevo lo recoge y hunde
en una caja de acero bajo el mar.
Sus rítmicos pies, abajo indican
que en el extremo, sentado, no oye sonriente:
anuda pañuelos en sus danzas.
Se cierra y abre la mano en el rostro del Monarca
y siempre deposita el niño liviano
de la única noche diferente.
El cuello del Uno no diferente se abulta,
recuerda la pesadilla de Domiciano y su infarto

de oro en el cuello, levantando la corneja
las guirnaldas del pueblo regalado con la muerte del primero.
Las guirnaldas, el reparto de espadas y terciopelos en la casa
 mayor.
La berlina de los judíos está rogada
y tiene que preceder a la dama rosicler de las canciones.
El relámpago, malheridor de la piedra,
los animales de ojos destrozados cantan a su paso
y se hunden las ruedas del costado en el palustre de animales
 cegatos.
La berlina de medianoche, la del custodio ceremonioso,
la que alza levemente el arco vienés para la Luna,
aísla en el surtidor la frente movible de la base ancha del padre
 del custodio.
La lámpara y el cántaro, el diván y el agua removida
aparecen, obstruyen, tocan, se adelantan a la muerte,
pues una ola suave se pierde en los rincones
y la ola grande comprime la cámara secreta.

De la taberna:

Ya no se detiene, tieso y tranquilo,
embriagado por dentro y fuera, invisible.
El mismo ojo en la cerradura obturada.
Invisible muestra las mismas manchas de vino y saliva.
Yo también sé no detenerme
ni detener el tiempo en la noche.
Yo también transcurro invisible y porto el borgoña gelato.

De sobremesa:

Las estaciones se hacen y el Zodíaco cumplido.

Libra se contenta con el escorpión vinoso.
¿Vuela la servilleta y la jarra se apoya?
Cuando Él duerme yo echo agua en las copas.
Después bebemos en la hermandad de los caballos.

Poeta menor:

El hombre, la inundación, las cosechas y el árbol.
En la entraña del árbol solo puedo ver mi escondite.
Cuando el rayo entra en el árbol,
el Uno no diferente recoge una astilla y hace su cuchillo.
Pero para mí el árbol solo sabe esconderme
cuando el pájaro frota el pico en una piedra de fuego,
navega sobre la hoja y la hoja es sacada de la noche.

Sonetos a Muchkine

I

(Se trata de una cosa seria, declaró doblando la carta y entregándosela a su dueño.)

Ni aun la carta al devolverla en punto
y derroche de seriedad gastada,
lograba en su doblez de borde cejijunto
llegar maciza a completar cuadrada.

Qué hacía el dueño al pasar su contrapunto
y asegurar formal su seriedad gastada,
si llegaba y se iba malparada a su profundo
toque en que pasa a otra mano restaurada.

Vuelco así del recibo, su doblez y paso con cuidado
a un espejo en que sigue desterrada
de otra visión rendida complaciente.

Pues el que llega y entrega bien guardado,
espera un azoro de ave claveteada
y no soplar la carta en nube y soplarla negligente.

II

(No, yo te creo; pero no acabo de comprender.)

Por encima de un arco que se cierra
y sin traicionar el nombre revelado,
la otra cara que yace en enterrado
troje se cierra y reaparece como piedra.

Tendido el arco en la creencia y tierra
que le brinca los pies y luego el salto
de la creencia en el último arco que se entierra
en el galope de pronto que se cierra en alto.

Y mientras te creo y organizo el arco
y el no comprendo se enfría por el molde
que en lascas toca y la otra cara restriega

su nacer en el desprecio de su nuevo engorde,
tizne mayor hundido en la refriega
del gato del *yo te creo* y comprendiendo enarco.

III

(El príncipe bajó un peldaño y se volvió.)

Sombra comienza a derretirse en vano,
alzando su metáfora en su intérprete,
y al romper los collares que trepan por su mano
y enderezar sus atributos al rendido encúbrete.

Cada peldaño tiene un rostro vuelto
o en su espejo decae rostro en arca.
Si bajar y bajar, lo propio suelto
es el rostro que gira ante el tetrarca.

En la exigencia que se vuelve y clama,
hopalanda en la voz alzada y ya declama,
cuando roto el peldaño, el rostro ceja.

Se volvió y se volvió, ausente en la visión de su peldaño.
Príncipe que al descender se vuelve hacia el engaño
de ver su rostro en el peldaño en queja.

IV

(Mi difunto padre compró todos estos lienzos en las subastas
  forzosas.)

Al partir del alfil trae la mano
el cabeceo en la sangre sumergida,
y si ya viene oblicua se infla detenida
en el recodo ciego que estalla en altozano.

De las hilachas finas pasadas a lienzos oscilantes,
las escarchadas cañas volvían a sonidos intocables.
Los lienzos de sonidos caían en sus testas espantables
y el nuevo rostro pasaba por un hilo los nuevos caminantes.

En el bazar la síntesis su bocina pregonaba
y con guantes de helecho la Luna repartía
por las espaldas y los sorbos de enlazados preguntones.

El que fue a las subastas y detenía
el lienzo, roto el anterior oblicuo, traspasaba
inútilmente la hora de los murciélagos saltones.

V

(Variación.)

Si aún la carta se cascaba en aquel punto
en que entreabría su seriedad gastada,
y al rechazar su frío cejijunto
retrocedía ganando su frialdad cuadrada.

El dueño sonreía al pasar su contrapunto
o tocar banal su seriedad gastada,
si decía y borraba al irse a su profundo
látigo, rindiéndose en otra mano recortada.

Presente su doblez al acampar cuidado
en el espejo en que cae y es borrada
y vuelve en otra visión rendida complaciente.

Pues al tocar y rendir lo bien guardado,
espera la suspensión del ave claveteada
y el volver de la nube con la carta y su toque negligente.

VI

(¿Llevas contigo la cruz que le compraste al soldado?)

Trae acá el dado con el que fuiste engañado,
si es de hojalata le rindo mis diamantes.
La cruz reemplazando el dado del soldado borrachito,

y Rajogine que quiere comprar en oro el engaño.

Viene bien que al comprar la cruz seamos engañados.
Es de oro, de oro, y la pagamos con doble pecho mío.
La pagamos con oro pirulero y es de lata
y contribuimos a que el soldado doble mejor la esquina.

Pero ahora, sutil, inconfesable, viene el otro pícaro barbado.
Sabe que la cruz pagada como oro, si es de lata,
es otra joya que rompe en la suprema esencia.

Y si al soldado se la adquirimos como oro al irse por la esquina,
el que llega sabiendo el pecho que la respira como lata,
quiere imantar con oro el nacimiento del fulgor en el engaño.

II

Noche dichosa

La choza a la orilla del mar por una noche ha guardado el cuerpo desnudo del pescador solitario. El sueño ha sido inquieto, pero esa no abandonada realidad del pincel de lince acompaña como un paño de rocío. Sus vueltas en la colcha acompañante se debían a las claras etapas del fuego moviente, que aún en el sueño aseguraban la suprema dignidad del movimiento. Al destellar sus ojos, ya su cuerpo se levantaba del lecho: buena manera de contestar al rayo de luz con el movimiento del cuerpo. Ahora su cuerpo está ya entre las ondas y el siniestro fanal de la enemiga orilla ondula como los caprichos de la bestia enemiga. En sucesivas conversaciones con los peces dormidos su cuerpo avanza riéndose de sus reflejos. Un brazo, una pierna, pero siempre el cuerpo como una señal perseguida termina en una dignidad perpetua. ¿Cómo el cuerpo al salir del sueño y de la choza ya ha podido estar listo para la definición temblorosa de la corriente? Cuando llega la tierra sigue silenciosa y nocturna, pero el peregrino la toca con su frente y su señal perseguida, y en acompasada curva su cuerpo ya se apresta a seguir al fanal de la orilla dejada. El silencio de su cuerpo acompañado del canto de los peces, de la sangre acurrucada de los acordones de coral y de los árboles de luciérnagas que se allegan a la orilla para tocar el cuerpo del pescador solitario. Y los árboles tanto como a un hombre parecen saludar a la amistad del perfume de las cortezas colorantes. Ha penetrado de nuevo en la choza de la orilla, pero ahora la ha encontrado toda iluminada. Su cuerpo transfundido en una luz enviada parece manifestarse en una Participación, y el Señor, justo y benévolo, sonríe exquisitamente. Pero el pescador no interrumpe su alegría en la Presencia, lanza un curvo chorro de agua, reminiscencia de amor a la enemiga orilla y a la choza benévola, y nos dice: *¿Qué ha pasado por aquí?*

Censuras fabulosas

Deprisa, el agua se reabsorbe nerviosamente en el corpúsculo; lenta es como el chapaleo invisible del plomo. Las grietas, las secas protuberancias son llamadas a nivel por el paso ballenato del agua. Tapa Tártaros, Báratros y Profundos, y no se aduerme en su extensión por el zumbido. ¿Quién oye? ¿Quién persigue? La misma roca, anterior congeladura —va cociendo en el recto y decisivo corpúsculo veloz enviado por la luz, los nuevos cuerpos de la danza—. El recipiente cruje morosamente, y el tiburón —ancha plata lenta en el ancho plomo acelerado—, va asomando su sonrisa, su frenesí despacioso y cabal. Una brizna de cobre veteado queda sobre su cola, un delfín reidor se balancea en la aleta dorsal. La lenta columna de impulsado plomo horizontal ha cumplido su dictado de obturar las deformidades y las noblezas, la mansa plata y el hierro corrugado. El humo de la evaporación secretada ha manoteado en la cacerola rocosa, que así aflige a la piedra un toque muy breve del hilo que se ha desprendido de la Energía. El tiburón que ha podido respirar en la columna del plomo, igualando el chorro respirado con el color de su piel, en todos los años posteriores se ha mantenido en el agua con el júbilo musculoso de la estrella frente a la ventana. Guiaba la brisa: testimonio de cada poro utilizado por el ópalo, el escorpión y la abubilla. El cuerpo del tiburón forzaba el coro de rocas que rodeaban su cuello, mientras la luz como un soplete oxhidrílico pintaba animales y flores en su cara respetable. Aplicándose después a lo más interior de las rocas provocaba la dinastía y el destino de las raíces que se van desenvolviendo en galerías por donde había circulado el perverso flujo del líquido lunar. La roca es el Padre, la luz es el Hijo. La brisa es el Espíritu Santo.

La sustancia adherente

Si dejásemos nuestros brazos por un bienio dentro del mar se apuntalaría la dureza de la piel hasta frisar con el más grande y noble de los animales y con el monstruo que acude a sopa y a pan. Toscas jabonaduras con tegumento del equino. Masticar un cangrejo y exhalarlo por la punta de los dedos al tocar el piano. Calidades que acuden y son rechazadas con lentitud, con desagrado y corrección. Con asco celeste. Con celestial desdén por la liviandad y el cuño errante y peregrino, el brazo sumergido dignifica sus calambres y su blanco ausente; soporta el sueño de las mareas primero, y las miserables joyas que van taladrando su carne, hasta quedar bendecidas por un róseo vacío doblador, para hacer tal vez con ellas una región de arenas como ojos, donde la pinza hueca, el pie vergonzoso son transportados con natural ligereza de aire espesado por luz dura de plata. El brazo sumergido al convertirse en un aposento de centraciones y burbujas, indócil giba para los resueltos soplones, se ve rondada por el insecto como punto que vuela; mientras el caracol como instante punto, frenético pero lentísimo, se incrusta en aquella porción, carne y tierra, batida con maestra artesanía por los renovados números del oleaje. Así aquel fragmento sumergido, asegurado por la paz probatoria, es devuelto por eco y reflujo, en misterio sobrehumano, blanquísimo. Al pasar los años, el brazo sumergido no se convierte en árbol marino; por el contrario, devuelve una estatua mayor, de improbable cuerpo tocable, cuerpo semejante para ese brazo sumergido. Lentísimo como de la vida al sueño; como del sueño a la vida, blanquísimo.

Pífanos, epifanía, cabritos

Se ponían claridades oscuras. Hasta entonces la oscuridad había sido pereza diabólica y la claridad insuficiencia contenta de la criatura. Dogmas inalterados, claras oscuridades que la sangre en chorro y en continuidad resolvía, como la mariposa acaricia la frente del pastor mientras duerme. Un nacimiento que estaba antes y después, antes y después de los abismos, como si el nacimiento de la Virgen fuera anterior a la aparición de los abismos. *Nondum eram abyssi et ego jam concepta eram.* El deleitoso misterio de las fuentes que no se resolvería jamás. El prescindido barro descocido cocido, saltando ya, fuera de los orígenes, para la gracia y la sabiduría. El Libro de la Vida que comienza por una metáfora y termina por la visión de la Gloria, está henchido todo de Ti. Y tienes el castigo tremendo, la decapitación subitánea: puedes borrar del Libro de la Vida. La Vida Eterna, que se enarca desde el hombre aclarado por la Gracia hasta el árbol nocturno, puede declarar mortal, abatir, desgajar la centella. Borrado ya, un nombre nuevo que comprende un hombre nuevo, ocupa aquel lugar, que así ni siquiera deja la sombra de su oquedad, el escándalo de sus cenizas. Tremenda sequía ahora borrada por los cabritos de contentura familiar, por las chirimías de vuelcos y colores. Acorralad, tropezad, entendeos, más hondo si se está dispuesto a nacer, a marchar hacia la juventud que se va haciendo eterna. Hasta la llegada de Cristo, decía Pascal, solo había existido la *falsa paz*; después de Cristo, podemos añadir, ha existido la verdadera guerra. La de los partidarios, la de los testigos muertos en batalla, los ciento cuarenta y cuatro mil, ofrecidos como primicias a Dios y al Cordero (*Apocalipsis*, Cap. 14, Vers. 3 y 4): Cantaban como un cántico nuevo delante del trono. Acorralad, tropezad, cabritos; al fin, empezad chirimías, quedan solos Dios y el hombre. Tremenda sequía, resolana: voy hacia mi perdón.

Peso del sabor

Sentado dentro de mi boca asisto al paisaje. La gran tuba alba establece musitaciones, puentes y encadenamientos no espiraloides. En esa tuba, el papel y el goterón de plomo, van cayendo con lentitud pero sin casualidad. Aunque si se retira la esterilla de la lengua y nos enfrentamos de pronto con la bóveda palatina, el papel y la gota de plomo no podrían resistir el terror. Entonces, el papel y la gota de plomo hacia abajo, son como la tortura hacia arriba mas sin ascender. Si retirásemos la esterilla... Así el sabor que tiende a hacer punta, si le arrancásemos la lengua, se multiplicaría en perennes llegadas, como si nuestra puerta estuviese asistida de continuo por dogos, limosneros chinos, ángeles (la clase de ángeles llamados Tronos que colocan rápidamente en Dios a las cosas) y crustáceos de cola larga. Al ser rebanada la esterilla, convirtiendo al vacío en pez preguntón aunque sin ojos, las cuerdas vocales reciben el flujo de humedad oscura, comenzando la monodia. Un bandazo oscuro y el eco de las cuerdas vocales, persiguiendo así la noche a la noche, el lomo del gato menguante al caballito del diablo, consiguiéndose la cantidad de albura para que el mensajero pueda atravesar el paredón. La lámina de papel y la gota de plomo van hacia el círculo luminoso del abdomen que tiende sus hogueras para recibir al visitante y alejar la agonía moteada del tigre lastimero. La pesadumbre de la bóveda palatina tritura hasta el aliento, decidiendo que el rayo luminoso tenga que avanzar entre los estados coloidales formados por las revoluciones de los sólidos y los líquidos en su primer fascinación inaugural, cuando los comienzos giran sin poder desprender aún las edades. Después, las sucesiones mantendrán siempre la nostalgia del ejemplar único limitado, pavo real blanco, o búfalo que no ama el fango, pero quedando para siempre la cercanía comunicada y alcanzada, como si solo pudiésemos caminar sobre la esterilla. Sentado dentro de mi boca advierto a la muerte moviéndose como el abeto inmóvil sumerge su guante de hielo en las basuras del estanque. Una inversa costumbre me había hecho la opuesta maravilla, en sueños de siesta creía obligación consumada —sentado ahora en mi boca contemplo la oscuridad que rodea al abeto—, que día a día el escriba amaneciese palmera.

Muerte del tiempo

En el vacío la velocidad no osa compararse, puede acariciar el infinito. Así el vacío queda definido e inerte como mundo de la no resistencia. También el vacío envía su primer grafía negativa para quedar como el no aire. El aire que acostumbrábamos sentir ¿ver?: suave como lámina de cristal, duro como frontón o lámina de acero. Sabemos por casi un invisible desperezar del no existir del vacío absoluto, no puede haber un infinito desligado de la sustancia divisible. Gracias a eso podemos vivir y somos tal vez afortunados. Pero supongamos algunas inverosimilitudes para ganar algunas delicias. Supongamos el ejército, el cordón de seda, el expreso, el puente, los rieles, el aire que se constituye en otro rostro tan pronto nos acercamos a la ventanilla. La gravedad no es la tortuga besando la tierra. El expreso tiene que estar siempre detenido sobre un puente de ancha base pétrea. Se va impulsando —como la impulsión de sonrisa, a risa, a carcajada, de un señor feudal después de la cena guarnida—, hasta decapitar tiernamente, hasta prescindir de los rieles, y por un exceso de la propia impulsión, deslizarse sobre el cordón de seda. Esa velocidad de progresión infinita soportada por un cordón de seda de resistencia infinita, llega a nutrirse de sus tangencias que tocan la tierra con un pie, o la pequeña caja de aire comprimido situada entre sus pies y la espalda de la tierra (levedad, angelismos, turrón, alondras). El ejército en reposo tiene que descansar sobre un puente de ancha base pétrea, se va impulsando y llega a caber oculto detrás de un alamillo, después en un gusano de espina dorsal surcada por un tiempo eléctrico. La velocidad de la progresión reduce las tangencias, si la suponemos infinita, la tangencia es pulverizada: la realidad de la caja de acero sobre el riel arquetípico, es decir, el cordón de la seda, es de pronto detenida, la constante progresión deriva otra sorpresa independiente de esa tangencia temporal, el aire se torna duro como acero, y el expreso no puede avanzar porque la potencia y la resistencia hácense infinitas. No se cae por la misma intensidad de la caída. Mientras la potencia tórnase la impulsión incesante, el aire se mineraliza y la caja móvil —sucesiva impulsada—, el cordón de seda y el aire como acero, no quieren ser reemplazados por la grulla en un solo pie. Mejor que sustituir, restituir. ¿A quién?

Procesión

El desfile del número se hacía en el hastío de su caída invencible, malestar tolerado en prueba de su cómoda sucesión. Dentro de los números, existían sucesiones y significaciones, si aquéllas motivaban sus agrupamientos amistosos, éstos la retadora soltura de sus ritmos. Los desfiles del binario de guerra, la escapada teoría de los peces, olvidaban de sus orígenes y de sus fines, de su impulsión y de su extenuando frenesí, para darnos en los músculos del leopardo las mejores progresiones geométricas, en los imanes navegantes una ridícula limitación inolvidable. Esas fascinaciones de los agrupamientos arquetípicos de la imantación que convoca para huir del remolino que tiene que reducirse a la ley de su estructura, iban trayendo el final del cínico, del atomista y del alejandrino preagustiniano. *El vendedor de palabras.* El hombre propaga y lastima su sustancia, Dios sobreabunda, el encuentro se verifica en sus generosidades. Pero el principio, por momentos falsos y visibles, parecía separarse del Otro. Desde entonces los hombres harán dos grupos: los que creen que la generosidad de Uno engendra el par, y los que creen que lo lleva a lo Oscuro, lo Otro. Así la procesión que surgiendo de la Forma se prolonga hasta pasar e inundarse por la Esencia última, vuelve a salvarse de nuevo por llenarse de la figura simbólica y concupiscible que encierra a la sustancia ya iluminada. Y así donde el estoico creía que saltaba de su piel al vacío, el católico sitúa la procesión para despertar en el cuerpo como límite, la aventura de una sustancia igual, real y ricamente posible para despertar en Él. Cuando muere, la Procesión se ha hecho tan desmesurada, que la coral plástica es reemplazada por un eco que parece volver de nuevo hacia nosotros, ya extendiendo las manos, caminando otra cruz. En la nieve, en el desfiladero, en la mansión escogida, la procesión de hombres continúa dividiendo por semejanza, ocupando, traicionando o comunicando el mismo cuerpo, la sangre y los aceites.

Tangencias

Después de haber inventado el cero, el príncipe Alef-Cero marchó a caballo hasta que el sueño le fue entrecruzado lanzándolo del caballo hacia la yerba cubridora de blandas rocas espongiarias. La flecha del caballo es su nariz. Interpuso su cuchillo entre la tierra y él, colocando después el escudo sobre el cuchillo con inclinación maliciosa, ya que por allí iba a pasar su sueño. Al recorrer el cuchillo la tierra, saltaba la fuente, pero moría la semilla. En los primeros naufragios del sueño se había apoyado con su arco somnoliento en la verticalidad de la fuente reciente, de tal modo que el arco apoyado de su entrevisto se acercaba horizontalmente; aumentando su potencia el chorro de la fuente tocaba al desprendido del aire y su sueño tan ligeramente que podía mantenerse horizontal sin abandonar el sueño que lo había desprendido del caballo. El sueño lo amputaba del caballo, sintiendo que al abandonarlo se abandonaba, pudiendo después readquirir la dureza infranqueable del mismo sueño cruzado sobre el reloj dentro del surtidor. De nuevo el caballo lanza por el sueño a su hialino tripulante. El caballo que saborea el arsénico, rechaza el polvo de carey. La carga lanzada por el caballo en el surtidor, insiste con su frente dulcemente apoyándose en el filo de la ventana. No es el inventor del cero, es el de la honda y semilla, el que espera que el agua se pudra para que empiece el recuerdo planetario de la semilla. El hombre maravilloso, por el contrario, esquinado en su jardín de losetas triangulares y losanges, cuclilla sus piernas y alonga sus brazos como un cisne nutrido con algodón diorita. Aún en la noche, tribuno gimnasta, desmemoriando, patinada acidez retrospectiva, acorralado por sus arañazos rítmicos, copiosos, estremecidos. En la medianoche, el caricortado de la semilla, cae con dulzura su cabeza en el filo de la ventana, que soporta también los dos pies del hombre en malla verde anaranjada y gris de acero tejido, esquinándose en su jardín como la soga de los puertos. Separados por el filo de la ventana, el hombre de tierra enarca su ojo para escuchar más que para descubrir; mientras el gimnasta, en la misma medianoche de lo normal sobresaltado, alza y baja sus piernas con un ritmo que parece el recuerdo de una marcha por el río. Al depositar la semilla no pudo saber que estaba traspasada, apoyo para una noche lanzado del caballo. El gimnasta al pasarse bruscamente la diminuta bola gomosa con núcleo de acero, de la mano de humo recordado a la de oro mordido, abre ojos y linealidad en su cansancio, fatigándose para alcanzar altura, duración y peso del saurio. No es mucho que cuando lance los instrumentos con los que fortalecía su pulso, tropiece con una flor por cansancio, y cada cansancio monstruoso se paralice con el terrígeno prendido escozor de la semilla traspasada por el hombre lanzado del caballo.

Éxtasis de la sustancia destruida

Y tú, Promacos, cierra la doble cadena de hormigas. ¿Contaste el ganado? Destroza el cuerpo y el signo de su oquedad para lograr la reminiscencia de su transparencia. Destruye la relación inversa de unidad y sustancia, del número y la cosa sensible, resuelta en la figura desprendida por el éxtasis de participación en lo homogéneo. Pero antes, la esfera está abarcada por la mano del garzón. La violenta sustitución seguida de una ráfaga hueca prepara el vacío, la ballena y el frasco, por donde se sale y entra como originario principal, ahumado y apresuradísimo. Ahora, ciego estoy. Me abarco y comprendo, ennegrecido en el frasco que contiene la esfera armilar suspendida muerta por imanes boreales. Ciego estoy, mi casa es la ballena. Al lado del vacío, emito mi bostezo o regalo sombreros de yeso, y una inmensa cerámica funeral entresaca los decapitados del templo para establecer con su simultáneo furor un zumbido espeso de recuerdos. Así en una gruta palustre, de valsado piso exprimido de huevos de tortuga, el artesano relojero tiembla ante las espantosas coincidencias y el agricultor flordelisado recibe, al sembrar el único documento falso, las descaradas bendiciones de la ley. La sustitución de la metáfora y el acto, pulverizando la cosa en sí, iluminándola como un vitral reparte la luz primera. El éxtasis de lo bello en sí, insufla aliento participante en la cosa en sí, por la transparencia del hombre y la lectura de las rocas. Desarrollo lineal de instante, erótica, ser (unidad), existir (acto), metáfora (sustitución del ser), participación (sustitución del existir), Paraíso (éxtasis de participación en lo homogéneo, intemporalidad). Linealidad rota o hinchada por los tres momentos circulares del germen, ente, eternidad, necesarios para apoderarse de su asilo, dejando a la puerta el perro de llamas del Doctor Fausto. La destrucción de la sustancia, iluminando sus variantes o metamorfosis, por la sequedad de su suspensión o retiramientos. El Hijo del Hombre destruido, convertido en la perdurable sustancia del cuerpo de Dios, porque a todo transfigurarse sigue una suspensión y el ejercicio del Monte de las Calaveras, era solo un aprendizaje para sumergirse en una violenta y sobrehumana capacidad negativa. Frenética autodestrucción que ridiculiza toda metamorfosis, para alcanzar el constante germen dentro del ente. La potestad del escorpión —Apocalipsis 9-5—, que no ataca el verde, sino al hombre que no tiene signo en la frente. La potestad del escorpión en alianza con la *splendor formae*. La sustancia natural no se muda. El alma racional recibe la luz inteligible por medio de la figura iluminada a plenitud. Cuando el testimonio exclama: *así únicamente muere un dios*, ha sido resquebrajado y caído en batalla contra el espíritu mudo o incesante despierto.

Resistencia

La resistencia tiene que destruir siempre al acto y a la potencia que reclaman la antítesis de la dimensión correspondiente. En el mundo de la *poiesis*, en tantas cosas opuesto al de la física, que es el que tenemos desde el Renacimiento, la resistencia tiene que proceder por rápidas inundaciones, por pruebas totales que no desean ajustar, limpiar o definir el cristal, sino rodear, romper una brecha por donde caiga el agua tangenciando la rueda giradora. La potencia está como el granizo en todas partes, pero la resistencia se recobra en el peligro de no estar en tierra ni en granizo. El demonio de la resistencia no está en ninguna parte, y por eso aprieta como el mortero y el caldo, y queda marcando como el fuego en la doradilla de las visiones. La resistencia asegura que todas las ruedas están girando, que el ojo nos ve, que la potencia es un poder delegado dejado caer en nosotros, que ella es el no yo, las cosas, coincidiendo con el yo más oscuro, con las piedras dejadas en nuestras aguas. Por eso los ojos de la potencia no cuentan, y en la resistencia lo que nos sale al paso, bien brotado de nosotros mismos o de un espejo, se reorganiza en ojos por donde pasan corrientes que acaso no nos pertenezcan nunca. Comparada con la resistencia la morfología es puro ridículo. Lo que la morfología permite, realización de una época en un estilo, es muy escaso en comparación con la resistencia eterna de lo no permisible. La potencia es tan solo el permiso concedido. Método: ni aun la intuición, ni lo que Duns Scotus llamaba conocimiento abstracto confuso, razón desarreglada. Método: ni la visión creadora, ya que la resistencia total impide las organizaciones del sujeto. Cuando la resistencia ha vencido lo cuantitativo, recuerdos ancestrales del despensero, y las figuraciones últimas y estériles de lo cualitativo, entonces empieza a hervir el hombre del que se han arrepentido de haberlo hecho, el hombre hecho y desprendido, pero con diario arrepentimiento de haberlo hecho el que lo hizo. Entonces... *En esta noche al principio della vieron caer del cielo un maravilloso ramo de fuego en la mar, lejos de ellos cuatro o cinco leguas* (Diario de navegación, 15 de setiembre 1492). No caigamos en lo del paraíso recobrado, que venimos de una resistencia, que los hombres que venían apretujados en un barco que caminaba dentro de una resistencia, pudieron ver un ramo de fuego que caía en el mar porque sentían la historia de muchos en una sola visión. Son las épocas de salvación y su signo es una fogosa resistencia.

III

Desencuentros

I

El truchimán de espina hipóstila
cuece mazorral los vanos dobles.
Su cariacontecida firma leve
pisa fuerte en la pelusa del trigo.
Recorre su vuelta de higo pulsado en el acantilado.
Pesa en unos labios, en unos labios de sus plumas.
La vuelta de su recorrido agrio, plumoso y cenizoso.
Su desfondada pasión vuelve a su piano,
y allí decrece en escobillón pecoso, langaruto.
Esas hojas desprendidas por el piano en busca del prestamista de
  Glasgow.
Resuelve la sopera la fiesta achaparrada
y el interior se pela en la cocina.
La cáscara de las papas se cuelga del búfalo
en la panoplia del masoquista de calzón corto.
Se detienen (humillo lento) y cruza la pareja de asnillas.

II

El aguafiesta vendrá para comenzar.
Habrá una ciruela quemada, otra alambicada.
La doncella rosada, adorable, despreciable,
se convierte en el cangrejito visto por los diez mil,
pero después sigue con furiosa indiferencia la otra ronda mayor.
Las horas se descomponen de hielo en agua,
de agua en hormigas, de hormigas en escaleras de cartón.

Permanecen las horas como una escalera que no se puede
  quemar,
permanecientes, permanecen, como un, como un...
Ahora el baile se hace engrudo, se acera.
El perro en la esquina salomónica mueve
sus bravatas de congeladuras.
Sus ojos empiezan a pasear por las
espaldas detestables y rosadas.
(Las pulseras tienen su marabú petrificado.)
Ya es hora de irse, salgamos.
Me olvidé por donde entré, es por allí.
El gracioso renquea al llevarse la maleta.
Salgamos por aquí, no, no, es por allí.
Pero caramba, qué lástima, qué lástima,
el aguafiesta no ha venido esta tarde.

III

Heliotropo a sus lascas dulzainas
cierra sus broches de tambor o de chocolate fangoso.
Como la flor de hierro anciano se retrae
y aplasta a mazazos el insecto dormido en sus estambres.
La inmovilidad del insecto era de estocadas de mármol.
Cierra heliotropo tu pesadez y vuelve a no mirarme.
Es dura, impronunciable la carne de sus aguas.
Es la flor esbozada en espirales por la mano del maniquí.
Pescuezo de piedra, frenesí del caballo
galopando la piel hirviente del tambor.
La ruedecilla gira hacia atrás, trabajando aguas
rellenas por el mazapán que masca el cazón.
La dejadez cierra su coro,
se le vuelve a oír en trompa sinfín.

Pende más sumergido, vuelve a oír la trompa del escocés.
Pende su aserrín, pasos serruchados,
pende en indiferente estalactita, sube cartílago almidonado.

IV

Absalón, Absalón,
la orden no será cumplida, cumplieron.
Pedía paz, pero el alcornoque,
la cabellera y la mula tienen plástico destino.
Como una mosca hueca viene el dardo.
Y tu cuerpo se guindaba para cerrar la huida.
Para espantar al gran tañedor
que pedía paz, la mula habló
con la rama a través de tu pelo.
Tenías que quedar así para que el tañedor
sufriese su paz; alguien desoía,
alguien se le escapaba. Tu hijo
combatía a tu estado mayor.
Querías que tu sangre resbalase
solo sobre ti. Que no saliese
el rompimiento de la criatura
y que él fuese jefe del estado
mayor del padre. Ridículo,
ahora maldice el dardo que completaba.
La rama siempre mojada lo mueve.
Maldice a Joas con voz gangosa. Y emplaza
los dedos pulimentados de Salomón para la garganta
vieja de Joas, dardo para su hijo
que no quería ser jefe de su estado mayor.
Joas fue más allá de tus órdenes,
no se hizo a tus criaturas.

Su fidelidad mató a tu hijo.
No mates a Joas, no seas cojitranco.
Se quitó la máscara de esparto del jefe
del estado mayor. Motivo con venablos, gran tañedor, alábale
 David.
Es necesario también que esta batalla se cuente en este Libro.

V

El escándalo frío y el alcatraz bifurcan.
El desagüe iluminado por patas platelmintas
redondea la pechera del abuelo sin riego sanguíneo.
La flojedad de sus patas vuelve a orinar el carricoche,
sus envoltorios preparan el azafrán franco de servicio.
Flojo, flojísimo el desagüe ante el torrente.
En la Plaza de Vendôme miles de arlequines
volvían a decir el comportamiento flojísimo
del desagüe ante el ciclón de Barlovento.
La última rata arrastrada por el rabo,
como el bastón comejenado del mariscal entumecido.
Rata nuestra del valle, calada campesina Watteau.
Rata nuestra del desagüe, contorsión mostrada por el rabo.
Majestuosa la concurrencia ante el desagüe.
Unos con el hombro lunado (arrancado) y el bastón ciempiés.
Los demás descalzos, entrando en el tronco con ratas.
Y el ciclón frío, sulfúreo, en la vitrina del acecho.
Ráfaga vuelve a su timbre, timbre seco
del acecho vuelve a tu ráfaga, vuelve al desagüe tonto.

VI

Qué tolvanera para los aspavientos, qué rosa

en la *rotisserie* vuela con los azadores.
Qué *larghetto* de la serpiente para picar la aceituna.
Tristeza de la frente abierta en mantel
y agua muerta. Resta duelo.
Los duendecillos verdes soplando ligeramente sobre las flores.
La aceituna con su pico de guinda *frappé*,
rueda su hueso cuando alguien tira del mantel.
Cuando cae la aceituna, cae también la cabeza de plomo.
Una cabezota que ejercita los resortes de la alfombra manoseada.
Definitivamente, la cabezota de plomo vuelve al centro del mantel
y la aceituna y su guinda coletean por los confines.

VII

Resguardado en tus sayos crece el descoco
y su pimpollo estrangula por verlo renacer.
Su carcajada taimada, indiscutible,
huele a cuarterona que enfunda los muebles
y los desenfunda conjurando en la mesa de los espíritus.
Cuando viene a su caída de hipo de cónclave
se astilla sin disculpa el remo en el fango.
Chapaleo boscoso de cazón agonizando en un acuario
de viñeta. No me place, es muy visible la alusión.
Sentado en una gran silla de cuarzo es muy pequeño
y se duerme. Polichinela y se duerme.
Sus masas cenizosas con brotes de grulla
reciben a Orión olvidadizo de las coronas bautismales
y de gordos inútiles chillidos cuarterones.

VIII

El palito del algarrobo sobrenada a sus anchas.

Se encuentra con el cisne que pelusa plácidamente.
Y se entretiene como en las frioleras del azafrán destiñéndose,
como antaño cuando un recuerdo pesaba
como el dios bifronte, mirándose aún en los más lejanos
espejos escondidos en la yerba.
El palito del algarrobo vuelve a ser observado
y lo guardamos también.
El deshilachamiento tedioso se inclina hacia la izquierda,
vuelve al borde del tintero, trepa
como la mosca el palito del mamoncillo.
Salgamos, no comprendo, y vuelvo para arreglar el chaleco.

IX

Repasa cuerdas de enemistada consonancia,
cuerdas de acero para el violín plegado.
Torres que no caen
en ciudades dinamitadas por el sueño.
Toronjas matinales para dientes de caimán
y yerbas con ojos de cocuyos,
despreciadas por el bigote fino del castor.
Agujas que se adelantan en un herbario
acuático; quieren unir la macarela y la aguja.
Agujas impasibles, son telas arrojadas al mar.
Así hay un acto que decide en el agua:
la fosforescencia risueña del pez nictálope
que salta cuando la Luna está de espalda.

X

El castor mueve la oreja y pasa el delfín.
Retrocede el castor y crece el círculo del delfín.

El círculo del delfín está roto y ahora la compuerta
del castor preside la choza a orillas del Ontario.
Escarba el ancla vieja, la espina nevada,
el caracol con un agujero en su esqueleto
y las latas de salmón rosado abiertas a hachazos,
para que el deleite no sea interrumpido;
contempla el castor lo inútil lastimoso,
lo que no fue el círculo del delfín.
Llega fatigoso, con botas con plumas purpúreas,
con divertidas plumas con hilillos purpúreos
y una pipa marmórea de ruidosos gorgoritos.
Envuelve al círculo y a la oreja del castor
en humos frecuentes, como una cortina que tapa
el instante roto con la misma hacha ejercitada
en las latas de salmón rosado.
Están bien esos insultos en Noel.

XI

Veo un velamen que no cae,
su papel frío, ligero, transcurre sin soplo,
y el velamen se mantiene ileso,
como un torso más firme que su idea.
Tontas lonas picadas por las gaviotas,
con marinos que se alzan de su tablero de damas
y sueltan el cordaje.
Nadie los toca, si les preguntan
escupen lentamente a estribor.
Su improvisada lección de humo en banderola,
continúa dándole vueltas al tablero,
saltando de un cuadrado blanco
a escupir lentamente, mientras en cuclillas

se asegura en la línea del barco y salta
a la línea del horizonte, y retrocede
al tablero donde juega con nadie.
Cuidadosamente la nube deja caer el barco en el tablero,
pasa de un cuadrado diagonal a un rasponazo coralino.

XII

Manda a perder, los mandamientos secos
vuelven a sus rajatablas temblorosos.
Manda a perder, suena la gran bocina
de las perdidas huestes, remolino hacia el sur.
Manda a perder, por encima de los carros
donde insulta un rey a otro rey, donde cerca del humo
los guerreros conversan.
Toca la huida, cuenta los que saborearon la espada.
Cuenta los que se fueron hasta el río
y que mueven los collares silenciosos, las anillas
que caen para medir.
Toca la huida, repasa los que llegaron hasta el río.
Perplejos vuelven al carro y las riendas
en sus cuellos giran, arrastrados por el caballo enmascarado.
Toca la huida, cuenta los collares de los llegados
hasta el río. Perplejos, o lo ya dicho, espantapájaros.

Resguardo, alejo

Resguardo, alejo de la escarcha,
de las hojas con fuego,
la sedosa colección de signos breves,
de animales de existir fulgurante.
Con acabadas puntas de recuerdos,
fueron recibidos en la momentánea cámara;
pasaron uno a uno, saludaron a los ujieres
y colocaron sus finas cabezas
delante de los magistrados oscuros,
pesados como reyes
cerca de la corriente.
Esperan la crecida del río
que rellena el oído.

Corta la madre del vinagre

Corta la madre del vinagre.
Taja, tajada, taja, sijú.
De la rama al entredós, búho,
tu péndulo raspa el suelo.
Al ras de la inmensa madera
esperan, la oreja crece como el árbol
horizontal, raspa, sijú.
Cuelga tu péndulo en el rocío,
búho; raspa, sijú, silva,
almíbar sobre la roca cubierta
de medusas que enrollan el péndulo.
Raspa la arena que ayer manchaba
el péndulo; taja, sijú,
corta la médula del aceite.
El péndulo raspa la madre del vinagre.
Lánzate, búho, tu sombra está en la arena.
Deseas clavarte carnalmente
en tu sombra espesa. Allí está,
en la médula del aceite.
No te cuelgues del péndulo
que raspa la madre del vinagre.

El encuentro

Al fin el jugo así se enreda
con un carcaj de escasa suerte,
y en cada tiro su azul recurva
al gato doble que sopla, desprende.
En cada vuelo queda preso
de un polvillo que lo aligera,
y si no viene rueda llameando
al zafiro que lo despide.
Su buena llama nadie toca,
la escasa llama ya no toca escasa suerte.
Se hace discurso interminable, por debajo de mi sueño,
el leopardo se esconde en la alcancía.

(Se oyen los clavos penetrando, los escenógrafos
pintan la boca grande que recibirá la Epístola.
El pequinés juega con la hija del taquillero;
cuelgan el nombre de la obra en la cola del perro.
El perejil y el orégano nadan sus risitas en la sartén
y acariciando los tatuajes la menina se humedece.)

A la vuelta de una pera,
la invisible extensión verdeante
penetra por los ojos y hace espuma.
En la desenvoltura de una palma,
sacude la lluvia breve y atardece.
Sacude la lluvia al gallo intempestivo
y muestra el maíz como un ojo de venganza.
Los dioses en el atardecer cosen su manto
y el paño de cocina tendido en su espera

es intocable. Aún está húmedo
y ondean las arrugas momentáneas
de la mano sobre el gallo.
Telón de fondo:
la humedad en el paño de cocina.
Primer plano:
el gallo desprecia la aurora.

(Firmen, las firmas, vuelvan a firmar.
El cartulario lee el secante al revés
en el espejo de afeitar.
Firmen todos a la vez, quiten las manos
todos a la vez.
La mosca duerme en el tazón, siguen los ceros
de las firmas. Es el escoplo de granito.)

Su pregunta a la estufa, su río
al olvido, la mesa en el centro del río,
la fiebre en la cresta del gallo.
Pasando la gamuza por el cristal;
alargando la gamuza con las manos,
deshilanchándola, extrayéndole los huesos,
quitándole con la gamuza las caricias a los brazos.
Las caricias como papeles mojados
pegados a nuestros cuerpos.

La gamuza reparte las caricias; ahora le toca
a la nariz, son las caricias más difíciles.
Tarda el papel mojado
en hacernos otra nariz, de tierra más húmeda,
como si fuese otra pieza errónea
que la gamuza vuelve a esculpir de nuevo.

Una nariz medioeval, húmeda, inmensa,
que crece como los helechos rodeados de grullas rellenas
con velas amarillas
y nos nausea.

(Pares o simple tarde que se amolda,
impar o tarde simple que se aleja.
Inflexible las manos caen
sobre los dedos de los pies.
Pares, echan raíces y recuperan el escarabajo.
Pares, gris y blanco y casi gris, el altibajo diseñado.
Echa raíces y ya no puede tamborilear.
La escasa seca trota cerrada por chorro hurón.
Pares, echa raíces, inmerecido romano le caen las manos.
Impar la noche como un buey suelto
se tumba sobre cascadas.
Pares, ingurgitando, dime.
A la derecha está, el buey que lame hinca la nieve.)

La estruendosa reclamación de las sierras,
exige algo más que las herraduras de plata;
y los ojos restregados en el follaje
que se cuelga del caballo,
del regreso, impidiendo que su estatua se coloque
en el mismo sitio de donde partió.
La madera de la puerta se va humedeciendo
en aquella parte de su sustancia
que se mueve más allá de lo que se tiene que quedar.
Y la sangre que mueve sus preguntas
tropieza con la parte de su cuerpo que se tiene que quedar.
Es la hoja roja que cae en las meriendas campestres
y una solemne brisa la levanta y la deposita en el río.

(Fuego colorado, cresta en picadillo,
siesta en globo ahogada: al centén, al centén;
globos, papelillos, cesto hirviendo paños
de los telares manejados con los pies,
pero tomando sopa con angélica saliva
mientras se tejía; pero bajándose la gorra
sueltan su tarabilla porque hay que ser original-
mente la ceja recta y colorada.
Telón de fondo:
el gallo desprecia la aurora.)

Los pequeños pozos
—sus risas sombrías, sus indolentes corpulencias,
que aún conservan el pez con la única orden de nadar—
fueron rememorados por un gigantesco tubo violeta,
ya que en el fondo del pozo
el gallo ancho iba ocupando todo el espacio,
cercado por el recuerdo de los coros de niñas.
Los pasos breves sobre un tambor,
las anchura del gallo preferible a los fragmentos nocturnos
que revelan el destierro de una vida sombría.

Y los grandes tubos violáceos preferibles
a las vetas de oro que rebotan en el frontón asirio.
Los pasos breves, cautelosos,
ya que las vetas violetas suenan sobre el mismo tambor
de acolchada embriaguez,
que ahora recibe el sueño del gallo
olvidando la magia del anillo de sus ojos.
Cierra sus manos con el peso de ese animal corpulento
y siente en las dos manos iguales el mismo peso escuchado.

Cuento del tonel

Baja las escaleras, se ladea para dejar pasar el gato, la espina, la pelota babeada. Todos esperan el sueño y sobre lo espeso el barril. Se libera a medias para recuperar su espesura. Ahora la escalera hierve hacia lo espeso y si no fuera por la noche molida, sería más fácil llamarlo pasta. Pero pastoso no es lo mismo que espesura; sí, pastoso se diferencia bruscamente de espeso, más de espesura. Ya yo he dicho grulla pastosa, no podía decir espesa. Sin embargo, la grulla puede penetrar en la espesura, no en lo pastoso. En la puerta es la conversación súbita del tonel y la puerta. Se abre la puerta y el tonel se pone de punta. Parece que el tonel va a lanzar una eyaculación capaz de saltar la puerta abierta. La puerta está hecha para los dedos, y al tonel en la bodega no le pueden llegar los dedos, que se vuelven tan espesos que comienzan por apoyarse en las nubes de la bodega y después olvidan hasta el tonel y su reclamo de la espesura. Porque de después de eyacular en la puerta, el tonel tiene que tocar la otra escalerilla, hija de la espesura, pero con ofrecimiento veraniego y afán de reconocimiento. La escalerilla de la playa parece mantenerse en el mú de la vaca que ha reemplazado los cuernos por dos tetas nocharniegas, espesas y con espesuras. La espesura cae ahora sobre el mar y el tonel desenvuelve sus acontecimientos sobre el segundo vientre húmedo, redondo que se abre y cierra como si el mar lo hubiera incorporado a la calidad de sus descendientes. Ha sumado escaleras y espesuras, escalerillas y nubes, y la bodega reemplazada por el mar, asegura que el tonel abre y cierra los cien años.

Invocación para desorejarse

Para que el sombrero pudiese penetrar en mi testa, decidieron cortarme las dos orejas. Admiré sus deseos de exquisita simetría, que hizo que desde el principio su decisión fue de cortarme las dos orejas. Me sorprendió que tan lejos como era posible de un hospital, me fueran arrancadas con un bisturí que convertía al rasgar la carne en seda. Una urgencia como si alguien estuviese esperando en compraventa mis dos orejas. No hubo ninguna deliberación, pero comprendí que habían decidido que no se las llevaran. En sentido inverso, teniendo una en cada mano, las frotaron una sola vez contra el mármol de la repisa. Entró la patrona cantando y oprimió un limón contra la mancha que había quedado en la repisa. Pensé que se desprendería un humo o que se avivaría la mancha. Pensé, pero, cuando me asomé cuidadosamente, todo estaba igual, salvo el gesto de la patrona de encajarse en aquella situación cantando. Días después vi que arrojaba las gotas de limón en la parte de la repisa que no estaba manchada. Luego, tendría que repetirse la ceremonia o mi sacrificio estaba fuera de lugar, y no era a mí a quien deberían haber arrancado las dos orejas. Sentí que era llamado para la otra ceremonia: dejarse injertar unas bolas azafranadas en el hueco dejado por las orejas. Unos mozalbetes, tal vez soldados vestidos de paisano, colocaban las borlas en unas grietas abiertas en las paredes. No sé si era un aprendizaje o un hecho que se aclararía después. Mientras yo esperaba la ceremonia y los soldados continuaban martillando, la patrona volvió a penetrar, ahora no cantaba, sino recogió una gran cantidad de almejas ya vaciadas que estaban por el suelo. Las hacía caer en su falda como si fueran flores. Luego, la noche anterior habían estado comiendo allí, antes de yo llegar, cuando aún tenía mis dos orejas. Me van pasando las borlas azafranadas de una a otra oreja, y la patrona me mira despacio, me recorre, me humedece. «Mañana, dice, volveré a recoger más almejas, traeré la canasta.» «Mire, me dijo, si puedo hacerlo, como está tendido mi delantal, tengo las uñas como comidas en una pesadilla, pero eso sí lo he dejado como la nieve.» «Todo lo que sale de esta casa, me dice con malicia, sale bien hecho.» Claro, mis dos orejas han sido cortadas, me cuelgan dos borlas azafranadas, y cuando me asomo veo un delantal inmensamente blanco, no se mueve, y por la tarde guardo caparazones vacíos de almejas. Otro delantal, otro delantal, delantales, otro delantal, otro delantal.

Aclaración total

Sus labios entonan, se prolongan en arco de violín,
se prolongan en el hilo del tedio,
el hilo del tedio y el hilo de la araña.
Por el hilo de la araña baja la Luna,
por el hilo del tedio suben las manzanas.
La Luna puede girar más que tazas impulsadas
en el remolino de palomas sin pico.
Girar más como un dedo.
De hielo y cóncavo marfil
descienden las lluvias divididas
por un hilo de araña.
Puede dejar caer manzanas por un hilo
y en el hilo ensayar nuevos trineos.
Es trabajar en hueco, las gracias operantes,
alfileres en el revés del ojo,
tú en *voluptas voluptatis*, llenando
un cántaro al revés, vaciando, vaciando,
hasta adquirir el molde de una vaciedad,
ridículo gato de yeso en un bostezo
azul, vaciando, vaciando,
hasta ver mi mano en la otra mano,
mano sobre mano descansando,
la mano vaciada en tictac.
El vaciado anticipa *le retour des cendres*
o la supuesta sombra de las fingidas cenizas.
Trabajar en hueco tiene que partir de la gracia operante
y el retorno de las cenizas tiene que estar tirado
por los caballos de la gracia operante.
Por eso la risotada de la tierra pudriéndose,

los instrumentos operantes, la mano que se estira,
añadiéndole tiza, carbón o tijeras de sastre,
la mano vista como estiramiento hasta poder
retirar el carbón, darle otra cara, mancharlo
de nuevo con orlas y disculpas.
Los instrumentos operantes manejados por el rebaño
de mis compañeros y en el soez de que me vería
visto por ellos,
y cuando afloraban sus delfines,
el río de la memoria era también un instrumento operante.
Era en el alba y el rocío tenía que llegar a las hojas del tabaco,
hay unos hombres fabricados para distribuirles el rocío.
Es un instante interpretado y el hombre trata de sumárselo,
tiene que llegar con su rocío cuando la sangre se entreabre.
La conchilla se encamina a la lechuga y allí los hombres
desdeñosos del rocío, llevan la leche a la lechuga.
L'escargot d'or, joyeuses entrées,
la pareja, la soledad y el fiesteo qué bien entran por allí.
Estoy hinchando mis pecados, inmovilizo también el cuerpo.
Llevan la leche a lechuga, el rocío para el tabaco,
los instrumentos operantes, el brazo sigue vaciando.
¡Vaya a limpiar los establos! Los labios
en sus prolongaciones de lunas de alce pulsan
la sequedad de tiras lineales, de arpas en el desierto,
pero yo salía con la camisa desabrochada del orgullo de mis
  labios.
Y tenía que fijarme en el caballo capado que subía
de los ruidos de la herrería, un martillazo geológico
sobre su sexo y la fuente y afluente de su chorro
de sangre que disolvía sus reservas espermáticas.
La fuente de sangre rompía los cordones espermáticos.
Cuando sangra por el sexo parece solo alcanzar un instante

y llega hasta el árbol con la duración de un estado.
Es la *yamagua* que corta el chorro de la sangre
y con su sombra la endurece como una tierra.
Ahí está la sombra cortando el chorro;
la sombra ganando cuerpo y recurvando el curso inacabable.

Suéltanse los gnomos y alfileres que caminan
para acostar el caballo, para abrirle
el origen de la fuente de sangre, que busca la sombra
que traza incesantemente una sangre alterada.
El sexo cortado traza una sangre vertiginosa,
hay una sombra capaz de adormecer la sangre,
el chorro respira la sombra ancha de punta.
En el furgón de sombra, cuando traza la excepción
que viene hundida y las dos muertes
que no le libran al caballo de sangre ida,
del chorro y salto que ya no es suyo,
y las dos muertes que trae el árbol en la excepción crucificada.
Vaciando, vaciando la sombra que trae el árbol.
Vacío de chorro yerto que ya no es nuestro.
Vaciando los cordones espermáticos de fuente yerta.
La araña que empieza de nuevo el hilo del tedio.
La araña no suda sombra; el árbol no forma su panza.
¿Hay que cortar el chorro de sangre yerta?
Es la *yamagua*, las tribus del cabeceo
quieren coger esa sombra en sus tambores.
La advertencia puede penetrar en la semejanza
y el alimento acostumbrado. No es el rebaño
de tus compañeros y el río de la memoria.
Ahora quieren saborear la sombra que salta el chorro
y la modulación del hilo del tedio,
las babilónicas sumas de rocío

que forman el hilo del alimento acostumbrado.
En la gran hondonada de las advertencias
y los tambores, los emigrantes tornasolados
empiezan a construir en esa sombra que corta el chorro.
Hay que raspar, vaciando, vaciando;
la Luna baja por el hilo de la araña.
Pero olvidando las advertencias y los tambores,
el caballo quiere subir también por el hilo del tedio.
No ganan su sombra: el árbol no marcha para buscarlos.

El cubrefuego

Así ahora es la reja de espina. Generalmente
es el hierro vejestorio. Éste es un enrejado
de espinas. Alguna ostra no se pudo arrancar
y devora el espinazo. Allí la forma
de recibir a la Luna que tiene la espina
de pescado hace un salto. Una babilla
pegada al nacimiento de aquella escalera
que se pone delante del fuego merovingio.
Enfrente está la lana espesa, la carne
espesa de las piedras, el río espeso
que devora al carnero prolongándolo,
después de dividirlo en cintillas
y recuerdos inútiles, y el vejigón
que se confunde con la medusa
entre las piedras terrosas, y la Luna
le hace hablar, hinchándole
el vozarrón, dando pechuga capitosa.
Como la llama anotada en el espejo,
la espina va absorbiendo los retratados
por las llamas, los caballeros poseídos
por una caperuza de poder, por un vozarrón
que habla con la vejiga del carnero.
El enrejado de pescado lleva el riachuelo
hasta el fuego, y así la rueca
lo disuelve por el aire que no quiso
soplar el fuego de la Mayor; aquel pulmón
lo desmayaba; caía con sus desmayos
en el laberinto de aquella rueda que cubría
el enrejado de pescado. ¿Cómo pegar

el enrejado, hacer cuadrados de espina
con espina? Cerrar el fuego
con la rueca, volver a un fuego
que goce al árbol con su llave.

El enrejado con nueva cara
se divierte, antigua danza
le varía las iniciales.

El tridente se le hunde por el techo;
en las paredes el nuevo cuerpo
se desmaya y reaparece
con borradura de sus sueños.
En la estación del fugitivo,
en el reinado tan divertido al comenzar,
el cubrefuego reaparece con su tigre.
Escarba el agua, penetra con su uñero
por las chispas, escarba el espinazo
de la nieve tan divertida al comenzar.

El arco invisible de Viñales

El doncel del mirador me muestra su estalactita,
me la muestra como a todo el que por allí transcurre, alaba.
Su nerviosa curiosidad se rompía cuando mostraba la estalactita,
como si la fuera a regalar. Cuando la acariciamos
con redorada lentitud, rompe para engendrar,
después de haber entregado y dejado acariciar la piedra,
dice: la suya vale diez céntimos.
Ahora él es como nosotros, se acerca al mirador
y se pierde después, después ya no está.

El muchacho vendedor de estalactitas, saltamontes,
antes de dormir repasa su castillo de cuello de cristal,
la botella llena de cocuyos donde guarda los diez céntimos,
los metales antiguos, las vacías columnas,
que ahora son serpentinas que rodean a los cocuyos,
a los cien cocuyos que tiran sus frentes
contra los vidrios oscuros, desdeñosos de la corrupción.

El paseo de regreso cala sus máscaras
y los faroles cambian sus cascadas,
después que el aguacero se sentó en su trono de diversidad.
Volvió a levantarse, sacudía sus piernas y sus cueros
recobraban la ternura paciente de donde salieron.
La luz de artificio abullonando el agua se queda como lagarto
  blanco.
Demetrio, *hermoso de cejas*, ciego fue a Egipto,
y el vendedor de estalactitas colocó la botella de cocuyos
debajo de la almohada, y ahora el orden y la sucesión
de aquella tierra de la almohada cada vez que recibía

escapado de la humedad al nuevo descanso,
era como si nos apoyáramos en el sueño esa agua de cocuyos.

En la botella también el severo multiplicador de los céntimos
y la magia de las monedas frente a la cárcel de los cocuyos.
En el alba, recién lavados, solo los cocuyos alborozados en el
   rocío.
Durante el sueño del vendedor de estalactitas,
pasaron por debajo de su sueño:
el puente romano de un colchón deslavazado
y las maderas del cuadrado eran un trampolín para ser lanzados
al mar con la magia de las monedas.

Pasaron por debajo de su sueño:
el otro hermano, saltimbanqui picasista, con una lánguida nota
   azul;
la madre que abanicó la puerta para alejar a una lagartija;
el otro hijo, de risitas, sobre la nieve como los gatos.
Y la hermana que antes de ir a visitar a su soldado,
pasó por allí para no hacer ruido, para no despertar.
Le robaron la magia de las monedas,
las que sirven para coserlas en un traje
o para sumergir sus testas en harina.
El dinero con su agujero calzado al lado del coral.

Para no hacer ruido, fijos en la alacena de nopal joven
que suelta la cuchara de su copa pascual.
La cuchara deja su relieve en la cera del baile,
la copa de la alacena le sacude su rocío de cocuyos.
El nopal joven todavía no asimila las salteadas ironías del rocío.
Para no hacer ruido: que no vea la hoja húmeda sobre el
   encerado,

sino la cuchara con rocío de cocuyos dejando su relieve
en el encerado. La cucharilla y no la hoja
sobre la cera humedecida. En la alacena cae la hoja
y se desprende una cuchara, después arena, después la Luna
abrillanta la cuchara, después las hojas y los días.

Para no despertar, la cinta, metro a metro, en sus plomadas,
rodea la espuma necesaria de humo que nos vuelca
y el martinete enterrado que se mueve lentamente.
Después nuestro cuerpo no está, pero la cinta
se mueve lentamente, lentísima, hacia su gruta.
El martinete asciende y recoge esas cintas rotas, desciende,
y desdeñoso ahora la rinde como flor.

Las monedas cosidas en su traje, baila y zumba
en la nostalgia feroz de sus escamas.
Sumando esas escamas logra su metamorfosis y la del aire.
Con mi piel cosida de monedas soy jabato, perezoso y gaviota,
para afirmar que la espuma no es lo que sobra
o que la espuma es un sueño o metamorfosis innecesaria.
La magia de las monedas no es el mismo tema que la fertilidad de
  las espumas,
ya que yo hablo solo de las monedas cosidas en su traje
o de las que no tienen resonancia al caer en un piso de cera.

Los escudos y los rostros legañosos de harina, con aretes
de puntas de maní cruzan sus piernas en un relicario,
o ese juego de lanzar las monedas a la médula de la harina
y dejar una olvidada para la gruesa broma pascual.
Con el meñique en el carrillo el blando diosecillo lanza su bastón
  de mando.
Coser la moneda y el coral, el sudoroso cordel de las fiebres,

el puntazo limpio y chabacano que lo cosió a una suerte.
Las cubetas lanzadas sobre la carne de coral
y el barquito que galopa sumando sus monedas.

Los pinos —venturosa región que se prolonga—,
del tamaño del hombre, breves y casuales,
encubren al guerrero bailarín conduciendo la Luna
hasta el címbalo donde se deshace en caracoles y en nieblas,
que caen hacia los pinos que mueven sus acechos.
El enano pino y la esbeltez de la marcha, los címbalos y las hojas,
mueven por el llano la batalla hasta el alba.
Sus ojos, como un canario que se introduce,
atraviesan la pasta de los olores, remeros del sueño,
y cambiando los pinos por otros guerreros caídos de las hojas
—morada la muerte y el blanco cenizoso de un húmedo
  reverso—,
recorren sus destrezas y el guerrero que descuelga sus bandejas,
allí donde la Luna entreabre el valle y cierra el portal.
El guerrero mueve los pinos y toca su acecho;
su oído, mano de los presagios, atraviesa los ríos,
donde el esbelto esconde su mandato con jícaras
que graban su hastío.
La mezcla de pinos enanos y los guerreros escondidos
detrás de esas hojas que comenzaron halagándolos con la
  igualdad de su tamaño,
y el completo valle por donde acecha su piel atigrada.
La innumerable participación de la brisa
en la cabellera de los pinos enanos y del guerrero
que ondula su piel, impulsa sus recuerdos
a otras batallas dormidas, a otras rendiciones
donde su esbeltez tocaba al hijo de Poro y no de Afrodita.
Estos guerreros escondidos detrás de las hojas elaboran

la terraza donde la brisa Luna el escarabajo egipcio;
dormir es aquí también endurecerse cara al tiempo,
donde el cuerpo se embriaga cuando el aliento explora un nuevo
    círculo
y los címbalos dictan tan solo la desaparición de las nubes.
El combate toca entre dos pausas aladas
y el sueño vuelve a retirar las alfombras donde parecía hilarse la
    muerte.
Una sorpresa igual a un color frenético es desechada,
los círculos guerreros están ansiosos de trocarse en espirales
    bailables,
pues la suerte de una batalla desapareció con el alba primera.
Los arcos en la mezcla de los pinos y esos dormidos militares,
son pulsados por la participación en sus instantes dobles;
las ondulaciones de ese arco son llamas que descargan en las
    hojas
y el oleaje como el círculo clavado del delfín.
Las espirales crecen en el círculo de los pinos enanos
y alcanzan su marina en el círculo del guerrero,
entre las flechas de los pinos y el sueño de las hojas.
En realidad, aquí el hombre no puede adormecer sus silencios,
pues no brota del puente de cuerdas y del látigo,
tiene que apoyarse detrás de colosales franjas de agua,
arder en la parrilla que no era para él,
o destacar un manto voluptuoso que no sirve
dejado caer sobre la colina de su cuerpo.
Tiene que cobrar un ademán, detrás de la cascada
que él no podrá mirar sin reproducir.

Las ondas del címbalo sumergido son también pétreas,
sin embargo, romper la sucesión de la piel en mustios apoyados
    ademanes,

era destruir los antiguos metales, los calderos asirios,
por una elaborada disociación de la brisa.
La harina que habría rodado por el perfil de los emperadores,
sustituía con su sembrada larga hilacha a los pinos del valle.
Pasaban por debajo del puente entresoñado:
largas espirales de harina surgida de los huevos del carnaval.
No hacían ruido en una felpa largamente arrugada,
como piedras de cobre con predominio del verde en la hilacha
   áurea.
Nadie despertaba como queriendo ganar a nado la otra noche,
la suspensión del sueño era ágil como el varillaje de la gaviota,
como la quietud vigilante del martín pescador cuando clava sus
   ojillos entre dos bambúes.

Para no despertar el alba traía lluvia y la Luna
enfriaba el juramento de los guerreros y secuestraba el metal al
   fuego.
Los guerreros llegaban y desaparecían con el antiguo traje
bordado de monedas, extraídos de la harina del almacén.
Eran dichosos porque la Luna helaba las monedas
sobre su piel, en el secuestro del tintineo sobre la piel
del guerrero que se esbozaba o desaparecía.
Los címbalos querían decir la agudeza melancólica de la retirada,
de un combate que había entrecortado su inicio
y terminaba con los ropajes cosidos de monedas y corales,
sobre los guerreros que ganaban la otra noche.
Y el garzón del mirador muestra su estalactita:
la suya vale diez céntimos.

Danza de la jerigonza

> Recoger negro, amarillo, verdoso, en el azul fino.
> Leonardo

Crea el ser su caracol
y va la tierra ligera a su canción,
desnuda por la espalda del caracol
se muestra ondulante por el agua y sus ramajes.
El ser nace y su nacimiento cumple la mirada, sus vapores
en agua se deshacen, su dureza se cierra con su aurora.
La piedad por nosotros en su cambio borra su anterior.
Del cuchillo que fue la mariposa traza el círculo
y regresa el inmóvil sesgado por la noche
y la distrae con sus disfraces.
No importa la construcción estable del objeto
ni la mirada que eternamente repasa su pareja de plurales.
También el caracol distrae su guarida
con los distintos jugos terrenales y la sorpresa
jamás se rinde en una academia de maduras flores.
¿Por qué los griegos, paseantes muy sensatos,
nos legaron el ser? Otra guarida enfrente,
otra guarida lame como lobo a su noche.
La chispa fue robada ¿por qué en nosotros el ser?
y en su huida los dioses nos dejaron el ser.
Así su vacío tiene flores con ojos, que sin preguntas
acompaña la errante población de lo perdido.
Y el ser no es la construcción morosa del objeto,
no se despega de una adúltera carne veneciana.
Los cinco prisioneros no se oyen,
son los cinco vinos en la garrafa sucedidos.

Hasta la eternidad. Que se repita la eternidad.
Uno, que es un feto de hornacina empuñada la grasosa serpiente,
gordezuelo se nutre con rosas de cordero.

Nada por su celda *Otro*, sílfide
se aclama, pretende irse como el humo.
Tercer órgano, también preso, en el suelo
rodéase de los platos que no come.
Tetra infla los carrillos para un nombre,
la ronda le oirá zumbar su reclamado:
Riosotis de Miraflores,
entrambas partes miro o giro.
Lanza, edulcora píldoras malditas
para los crecimientos tenorinos o sietemesinos.
Solo por él pregunta con descaro su buche de palo.
Cinco los dedos acarician por el muro
o cinco se van a cuello de guitarra.
Siendo la mariposa evidencia en su cuchillo
y el cuchillo regresa azul y anaranjado.
Cambia las casas de la playa por sitiadas tortugas,
el buey en la noche azul y anaranjado.
La noche sopla en la noche
y al buey le posa azules lamparones,
y la napolitana mariposa corre por el cuchillo.
Fija la línea del horizonte y tú, Horeb, dilata las fronteras.
La convergencia de los prisioneros en el instante del muro
les alumbra el rostro amistoso y su especial manera fina
del comienzo del solo comenzar la nueva sombría flaccidez.
Después del muro la sutil línea del horizonte.
Lo exterior entre el ser y la canción. Su paisaje
cuidado por el ojo guardado en cautiverio

tiene al hombre bruñido en el silencio de medianoche del puente
  Rialto.
Su locura, su ¿oye alguien mi canción?
hace del ser una guarida y recela lo exterior.
¿Oye alguien mi canción? ¿Oye alguien mi canción?
¿Qué es lo exterior en el hombre?
¿Por qué nace, por qué nace en nosotros el ser?
Cuando llegamos a la línea del horizonte regresa
la mujer y tocamos.
Los cinco prisioneros ávidos de esa mujer que regresa
de la línea labial de las vírgenes mudas.
Las viejas locuras preguntadas,
que lanzaron por la caparazón o el hornillo
los viejos disfraces titulares
vuelven sobre nosotros como el ser, lo exterior y la canción.
Se contrasta con la línea del horizonte la otra
nave silenciosa donde sueña la mujer el sueño
de los cinco prisioneros que su energía le ofrecen.
Pasea a la sombra del sicomoro y así libera las pestañas.
¿Qué es lo exterior en el hombre?
Uno, va a lo exterior moviendo la cola dialogada,
si el saúco de la conversación te apresa eres mía.
Otro, rodea infinitamente los contornos, su viaje
vuelve a la carne como un mar, el salado
salpica ligeramente a lo que viene como delfín a la redoma.
Tercer órgano, aísla un sentido, la lección del sicomoro
la tiembla como el reloj que se quedó abandonado en la vieja
  casa.
Tetra, busca el secreto terciopelo de la dama que vuelve
de Monferrato a Varadero, que vuelve a su secreto
que tiene dos sonrisas, que tapa la zarza donde se hunde.
Tito Andrógino, la puerta indiferente deja paso al secreto,

no a la forma de lo exterior, temblando y no diverso.
Cinco, detiene el método donde la semilla asciende
hasta el espíritu devuelto después de peligrosa interrupción.
Tetra, vuelve otra vez a enseñar el retrato, su distinción
—la sortija donde guarda las máximas cínicas—, con feos
  caprichos.
La copia de los Dioscuros hacia el flujo final se precipita,
nadador la gruta de alciones y anémonas resguarda
de la corriente en su contorno, su límite
endurece en la proporción del coral frente a Cronos.
Recorren los cinco prisioneros
el cuerpo resguardado en la línea del horizonte.
La concha del natural rocío dilata las fronteras.
Ahora lo exterior en la mujer se va a su sombra.
Sus paseos por la orilla displicente coincidieron con la avidez
de los cinco prisioneros, después de saltar el muro
que un relámpago llevaba al camino de las playas.
La incesante caricia de la serpiente de mil manos
cerró el ovillo donde salta Puck, su ligereza
no encuentra la salida y danza sobre las flores.
Estoy descalzo y cierro bien la sala. Los cerrojos
impiden que la llama del promontorio penetre por mi sueño.
Ese fuego calienta la placa de cobre que se esquina
en la sala donde descalzo apuntalo los cerrojos.
De noche, Puck al piano y Euforión se precipita
en el barranco con los puercos.
Barre la copa de aguardiente cayendo sobre el cobre
el humo espesamente salido a la topera.
Se recomienda dos cuartillos de aguardiente cayendo sobre el
  cobre.
Otro, con una tira de papel encendido penetra los cerrojos.

El germen cobra una plaza entre la hoguera y los pasos del
  jaguar.
Espera y alguien lo recibe con fijeza.
La corteza del sabeo vuelve encubierta
a repetir la fuga del cortejo, las manos en la onda.
Oh rufián de los estilos, más allá del saltamontes y el pisapapeles.
Tú quisieras huir en los añicos del Dioscuro en la plazoleta,
el estirado tergiversador precisó tu corrida inoportuna, la que
  destruye.
Oh rufián de las empresas, la luz lo encubría y el antifaz
sobre el rostro del inmóvil vigila la tortuga sitiada.
Brisas del este, caminad graciosamente, como el gusano por el
  desierto,
y llenad el vestido que solo tocaba mientras se hacía el exterior
  remolino.
Primigenio, resuelve no tocar la danza aparecida
para el cuerpo y la flauta, indeciso
entre el reto del cuerpo y la lenta historia de un desenvolvimiento
preludiado por la flauta.
Otro, lanza irascible su jabalí de traspaso,
sediento de transparencias el agua lo oscurece.
Tercer órgano, reconoce lo que nadie le envía,
sin ser la cesta de serpientes en los vitrales atravesados por el rayo
  de luz.
Tetra, precisa lo desprendido, soplándolo en una innominada
  aventura,
regresa como etrusco y lentamente se reconocen;
la voz penetró hasta grabarse en la placa de cobre:

En los resguardos de un invierno fiambre,
cuando vuelven los paños a ceñir o a sobrar
y nos cae que alguien más allá puede caber,

como animal pequeño de dulzura mecida
o como sobrante monstruo que sopla la corneta.
Cuando esparcimos para recobrar el tocadiscos
y queda su aguja bajando a una pasta chirriosa.
Y su cordaje de pelo vinagroso se hace una aguja
que le afina la voz de pequeño hocico,
la que pesa como una agujeta que ya no vuelve a pasar.
Van llegando para acariciar el nuevo tocadiscos.
Todavía no empiecen, hay que guardar el anillo en el pañuelo.
Ya pueden, hace tres días que llegó en el Queen Elizabeth
el disco de Prokofief. Ya pueden
empezar, el tocadisco luce frío
y la aguja lanza una chispa que es una gota fría.
La gota fría está en mi cara al empezar.
Alguien me mira fijo y me avergüenzo.
Vuelvo a mirar, me está mirando, desespero.
Todos, lo creo, me están mirando, me disuelvo.
Mi aguja fría los ha tocado en una pasta.
Chilla por lento y frío en raspa arena
y vuelve a soltar la gota fría.
Están escasas las agujas. Solamente una alcanzará toda la noche.

Cinco los dedos interpretan por el cuerpo el fingimiento de la entrega,
su cautiverio en el éxtasis solo expresa su rescate secular.
¿Hay que disfrazarse de peluquero para bailar sus propias danzas?
El espeso antifaz se unirá a la espesura de la noche.
Necesito moverme en el baile hecho para otros,
mi memoria precisa las danzas de mi nacimiento.
Disfrazado pude asistir al baile después de la toma de la fortaleza,

el peluquero pasea por las cenizas y nadie se asombra si dice ¿me quiere regalar su cabellera?
Y así propone y aclara el día triste para la muchedumbre que rompió
las puertas y vio el centurión de cera y el jarabe pompeyano.
Era el baile de los otros y ahora bailo mis propias danzas,
me han borrado un compás, me han estropeado una pareja de plurales.
Entré cuando no oía la nota adulterada y así pude entrar en el baile
de los otros sin sobresaltarme. En la noche, disfrazado de peluquero, nadie me reconocía.
¿Si toco mi ser será más lenta mi metamorfosis?
¿Disfrazado de peluquero puedo penetrar en el exterior remolino?
Si estoy frente al espejo, saco la lengua ¿oye alguien?
¿La conclusión de los cinco vinos en la garrafa sucedidos
la puedo llevar a la línea del horizonte? ¿me pertenece?
¿Tengo que penetrar al baile de los otros en el compás adulterado?
Uno, entré y salgo como el lagarto por los ojos del antifaz.
Primigenio, ya no puedo romper el lagarto milenario.
Otro, se aburre de ser la placa de cobre y el aguardiente
no puede pasar por los cerrojos. Estoy descalzo.
Otro, enfría la gota de bronce que iba a engendrar la noche
de la tortuga sitiada. Allí nadie me reconocía
y podía olvidar lentamente el compás.
La duración en la canción olvida la enemistad
del polvo de carey en el ser y la uva lusitana en lo exterior.
Con el disfraz de peluquero podemos bailar las propias danzas,
pero de la canción a la canción vuelve a cantar el ¿oye alguien?

www.ingramcontent.com/pod-product-compliance
Lightning Source LLC
LaVergne TN
LVHW041338080426
835512LV00006B/512